La Grammaire orale de l'anglais

Ruth HUART

OPHRYS

Le Code de la propriété intellectuelle n'autorisant, selon les termes de l'art. L. 122-5, § 2 et 3a, d'une part, que « les copies ou reproduction strictement réservées à l'usage privé du copiste et non destinées à une utilisaqtion collective » et, d'autre part, que «les analyses et courtes citations » dans un but d'exemple ou d'illustration, « toute représentation ou reproduction intégrale ou partielle faite sans le consentement de l'auteur ou de ses ayants droits ou ayants cause, est illicite » (art. L. 122-4).

Cette représentation ou reproduction, par quelque procédé que ce soit, constituerait donc une contrefaçon sanctionnée par les dispositions pénales des art. L. 335-2 et suivants du Code de la propriété intellectuelle.

ISBN : 2-7080-1002-6
© Ophrys, 2002

Éditions OPHRYS, 6, avenue Jean-Jaurès, 05003 GAP CEDEX
Éditions OPHRYS, 10, rue de Nesle, 75006 PARIS

Sommaire

Introduction 1
Tour d'horizon préliminaire................................ 5
    Compréhension orale 5
    Production orale 7
    Production écrite... 9

Première partie : la prosodie

Chapitre 1 : L'accent, pivot du système 11
  I.   Définitions... 12
       1. Manifestions physico-acoustiques 12
       2. Propriétés sémantiques : valeur de base 14
       3. La notion de sélection 15
  II. Le choix de l'accent nucléaire........................... 18
       1. Anaphores.. 18
          1.1. Mots grammaticaux............................. 18
          1.2. Mots lexicaux.................................. 19
          1.3. Accentuation d'un terme repris 19
       2. Reprise situationnelle................................. 20
          2.1. Repères spatio-temporels........................ 20
          2.2. Espace partagé.................................. 21
       3. Le choix « en bloc »................................. 22
  III. Les mots composés – une mini-grammaire.................. 23
       1. La qualification du nom............................... 24
       2. Relations entre les termes d'un composé 25
          2.1. Juxtaposition de deux noms simples ('pencil ˌcase) 26
          2.2. Gérondif + nom ('swimming ˌpool) 26
          2.3. Noms d'agents ('rock ˌsinger)........................ 26
       3. Les schémas accentuels 27
          3.1. Deux accents mélodiques ('head'master...) 27
          3.2. Relations « statiques » ou « dynamiques » ('silk 'blouse/'silkworm).. 28
    Conclusion du premier chapitre : le rôle des accents mélodiques en discours.. 29

Chapitre 2 : Jeux entre temps forts et temps faibles (le rythme et ses incidences) 31
  I.   Accent de mot... 31
       1. Mots de deux syllabes ('paper / a'gain)................... 32
       2. Mots de trois syllabes et plus........................... 33
          2.1. Accent final (ˌrefer'ee) 33
          2.2. Accent sur la pénultième (Sep'tember) 33
          2.3. Accent sur l'antépénultième (schéma —ᴗᴗ : 'animal, bi'ology).. 34
          2.4. La « règle de lion » (de'licious, Ca'nadian) 34
       3. Suffixes neutres / préfixes séparables 35
          3.1. Sufixes 35

I

	3.2. Préfixes	36
II.	La réduction vocalique	38
	1. Syllabes inaccentuées du mot	38
	2. Le rythme de la phrase	39
	2.1. Les marqueurs qui se réduisent	39
	2.2. Incidences en compréhension	41
	2.3. Importance en production	42
III.	La non réduction	44
	1. Justifications sémantiques et pragmatiques	44
	1.1. Contractions négatives	44
	1.2. Accent contrastif	45
	2. Justifications essentiellement syntaxiques	45
	2.1. Les multi-fonctionnels : THAT, THERE, SOME	45
	2.2. Les groupes éclatés : prépositions, auxiliaires, copule	47
	Conclusion du deuxième chapitre : le rythme de l'anglais	50

Chapitre 3 : Les schémas intonatifs 51

I.	Les schémas de base	52
	1. Description	52
	2. Fonctions	53
	2.1. Valeur de l'intonation descendante	54
	2.2. Valeur de l'intonation montante	55
II.	Production – la leçon de chant	56
III.	Les schémas « non neutres »	57
	1. Augmentation de l'amplitude ('special stress')	57
	2. Déplacement du noyau ('shifted nucleus')	57
	3. Le « ton creusé » ('fall-rise')	58
IV.	Les question tags et réponses courtes	59
	1. Choix entre montée et descente	59
	2. Autres questions elliptiques	60
	3. Choix de l'accent nucléaire (rappel)	60
	Conclusion du troisième chapitre : la mélodie	61

Deuxième partie : Les sons

Chapitre 1 : Confusion entre marqueurs syntaxiques 63

I.	Marqueurs ambigus (/z/, /əv/...)	63
	1. Singulier / pluriel	64
	2. There « présentatif »	65
	3. Autres zones à risques	65
II.	Assimilation et élision (*I found = I've found...*)	66
	1. Effacements	66
	2. Transformations	67
	3. Implications didactiques	68
III.	Liaisons ([əmaɪ] = *am I = are my...*)	68
IV.	Confusions entre phonèmes	69
	1. Consonnes (/z/-/ð/)	70

Sommaire

	2. Voyelles (/ɪ/-/iː/ ; /æ/-/ʌ/...)	73
Chapitre 2 : Les correspondances entre orthographe et prononciation		80
I.	Orthographe des consonnes	82
	1. Sourde / sonore	82
	2. Occlusive ou fricative / affriquée	83
	3. Consonnes muettes	84
	4. Entre voyelle et consonne	84
II.	Orthographe des voyelles	86
	1. Le système de base	86
	1.1. Les oppositons difficiles (*sit/seat* ; *cat/cut*...)	87
	1.2. E muet final (*cap/cape* ; *not/note*...)	87
	1.3. Les consonnes doubles (*hoping / hopping*)	88
	2. Les sous-classes	88
	2.1. L'influence de /w/ (*was, want* ≠ *has, chant*...)	88
	2.2. Les agrégats d'alvéolaires (*child, old, taste, most*...)	89
	3. Les digraphes vocaliques (*rode = road, meet = meat (met*...)	91
	4. L'influence de <r> post-vocalique	93
	4.1. Diphtongues sous l'influence de <r> (*care, here, fire*...)	93
	4.2. Voyelles simples longues (*car, fir = fur, storm*...)	94
	5. Au-delà du système de base	96
	5.1. Un phonème particulier : /ɔː/ (*ball, chalk, daughter, straw*...)	96
	5.2. Deux diphtongues hors système /ɔɪ/ et /aʊ/ (*boy, coin, now, loud*...)	98
	5.3. Les graphies ambiguës (*come/home* ; *county/country* ; *hear/heard*...)	99
	6. Autres applications	100
	6.1. La liaison	102
	6.2. Les polysyllabes	103

Fiches :

	1. English Word Stress	37
	2. Systèmes consonantiques de l'anglais et du français	72
	3. Voyelles anglaises et françaises. Zones de confusion	76
	4. Sous-classes : des régularités parmi les exceptions	90
	5. Principales correspondances entre graphie et phonie (voyelles)	101
	6. Prononciation des voyelles accentuées des mots longs	105

Annexes : Activités de découverte

I.	MOTS COMPOSÉS	107
II.	ACCENT DE MOT	108
III.	ACCENTUATION ET RYTHME	109
IV.	RYTHME ET RÉDUCTION VOCALIQUE	112
V.	ACCENTUATION DES MARQUEURS GRAMMATICAUX	113
VI.	LES SONS QUI DISPARAISSENT	114
VII.	GRAPHIE / PHONIE	115
Glossaire		117
Eléments bibliographiques		120
Index		122

Remerciements

Pour sa raison d'être, son inspiration, ce livre doit énormément à Wendy Halff (1936-1993), dont il essaie de perpétuer l'esprit. Les enseignements et écrits de Lionel Guierre (1921-2001) ont également été décisifs. Que la mémoire de ces deux collègues disparus retrouve un écho dans cet ouvrage constituerait pour moi un immense honneur.

Pour la genèse du concept de grammaire orale, je rends hommage à l'équipe d'« oralistes » qui se réunissaient autour d'André Gauthier au début des années 1970 : Claude, Jenny, Margaret, Sarah, Susan, Valerie, et Joube.

Ma reconnaissance s'étend aux inspecteurs pédagogiques régionaux Marie-France Chen-Géré, Philippe Bonnerave, Jean-Louis Kara, qui, par le biais des stages MAFPEN, m'ont permis de mieux connaître les besoins des enseignants du secondaire dans le domaine de l'oral.

Un immense merci à Marie-Aude Ligozat pour sa patiente relecture d'une première version de l'ouvrage et ses précieuses remarques à la fois critiques et constructives. Et à Janine et Christian Bouscaren, relecteurs d'une mouture plus récente, dont les conseils judicieux et bienveillants ont été – comme toujours – d'une très grande utilité.

M'ont aussi aidée, par leurs encouragements, Christine Asin et Paul Larreya ; qu'ils en soient ici remerciés. Et 'last but not least', j'exprime ma gratitude envers mon mari, Max Huart, pour son soutien moral constant et ses excellentes suggestions en matière de formulation et de présentation.

Introduction

Désormais, à tous les niveaux de l'apprentissage des langues étrangères, la langue orale tient une place prépondérante. A l'école élémentaire, l'accent est mis sur les situations de communication authentiques ; au collège est introduite une évaluation spécifique des compétences à l'oral ; au CAPES, les coefficients des épreuves orales sont le double de ceux de l'écrit ; à l'agrégation, l'épreuve de version orale est transformée en épreuve de « compréhension – restitution ».

Or, la formation des enseignants n'a pas pu suivre ce mouvement dans toute son ampleur. Devant les programmes extrêmement ambitieux que proposent le ministère et les manuels, les enseignants se sentent tiraillés – il faut trier, sacrifier certains domaines. Impossible de concilier « *fluency* » et « *accuracy* », de maintenir l'équilibre entre les quatre compétences : compréhension et production orales, compréhension et production écrites. En particulier, lors d'activités « croisées », où, par exemple, la compréhension orale est vérifiée au moyen d'un questionnaire écrit ou bien où un texte écrit donne lieu à une discussion orale, beaucoup d'enseignants se déclarent désarmés devant les blocages inattendus que rencontrent les élèves en compréhension orale.

Une des causes de ces difficultés provient sans doute de l'absence de « passerelles » construites par et pour les apprenants entre différents systèmes de fonctionnement – non pas de la langue, qui forme un tout – mais des réseaux d'associations à mettre en œuvre selon que le support utilisé soit écrit ou oral. Le problème de la linéarité se présente de manière très différente à l'écrit et à l'oral, d'une part, en reconnaissance ou en production, d'autre part. L'œil qui peut aller et venir sur la page ne fait pas appel aux mêmes processus mentaux que l'oreille qui doit capter des signaux fugitifs et en retenir suffisamment pour pouvoir les réorganiser en unités signifiantes.

Ces décalages font partie de la nature même du langage, qui est primitivement oral, donc éphémère, mais que l'homme a depuis longtemps tenté de stabiliser par l'écriture. Lors de l'acquisition de la langue maternelle, l'enfant est exposé exclusivement aux manifestations orales pendant plusieurs années avant d'aborder le code écrit : l'apprentissage de la lecture et de l'orthographe fait prendre conscience de la nature conventionnelle de cette dernière (en français : *je donne / tu donnes / ils donnent* – trois formes écrites, une seule forme orale ; *elles couvent / le couvent* – deux homographes que rien d'autre ne rapproche) et incite à réfléchir à l'ambiguïté potentielle de la parole (*pain / pin / peint ; sont / son / le son ; ces / ses / c'est...*) évitée la plupart du temps grâce aux contraintes de la syntaxe, mais prête à surgir à tout moment à l'écrit, à l'occasion de lapsus ou de « fautes d'étourderie ». La maîtrise quasi-complète de la langue parlée précédant le passage à l'écrit, celui-ci s'appuie tout naturellement sur le système sonore déjà intégré : personne ne s'étonne de devoir établir des correspondances entre graphie et phonie.

En langue étrangère, il n'est guère possible de respecter cet ordre « normal », avec les temps de latence inhérents à l'acquisition et la sensibilisation consciente qui l'accompagnent – trop de contraintes institutionnelles et d'habitudes acquises s'y opposent. Un enfant scolarisé est un enfant lettré, les connaissances en cours d'acquisition doivent laisser leur trace et être vérifiables. En même temps, les activités, surtout en début d'apprentissage, sont très majoritairement orales, et les « traces » écrites se limitent souvent à un résumé de la leçon du jour inscrit sur le cahier en fin de séance. C'est au cours des leçons suivantes que l'enseignant sera amené à reconnaître que ce qui était ainsi consigné n'est pas pour autant « acquis », faute de pouvoir s'intégrer dans un système propre à la langue parlée.

C'est ce système que nous allons tenter de découvrir dans les pages qui suivent. L'observation, sur une longue période, des erreurs récurrentes d'étudiants, l'écoute des enseignants de tous niveaux rencontrés en stages de formation, la lecture des rapports de jurys de concours mènent toutes à la même conclusion : parmi les considérations phonétiques livrées généreusement à ces divers publics, il y a lieu de faire un tri sérieux afin de distinguer :

– ce qu'il faut savoir pour améliorer sa propre production ou pour être à même d'agir sur celle des apprenants ;

– ce qui permet de comprendre les principaux obstacles à la compréhension et donc d'orienter les efforts vers leur élimination ;

– ce qui, sous forme de connaissances théoriques, ne peut avoir aucune incidence directe sur les compétences et doit donc, dans les termes d'A. Culioli, « be behind the teacher, not in front of the class »[1].

Après un chapitre général rappelant les principaux types de difficultés rencontrées par les élèves et les enseignants, nous traiterons successivement de divers aspects de la phonétique anglaise, non pas en tant que tels, mais dans le souci constant de lier son et sens, en espérant que les enseignants qui liront cet ouvrage ne seront plus tentés de dire : « nous n'avons pas le temps de nous occuper de la phonétique », car notre but est de montrer que l'acquisition de la langue passe obligatoirement par l'intégration des phénomènes dont il va être question.

Sous chaque rubrique, nous indiquerons les connaissances qui sont utiles à l'enseignant sans être indispensables à l'élève, ainsi que celles dont ce dernier a besoin pour progresser. A la fin de l'ouvrage seront proposées des activités destinées à faciliter la découverte de certaines régularités. Comme dans tout exposé, il a fallu choisir une progression ; la nôtre va du général au particulier, en commençant par le système accentuel, qui est à la base de tout. Toutefois, il apparaîtra qu'il est impossible de dissocier la plupart des phénomènes traités et que, par ailleurs, ce qui est considéré comme « élémentaire » du point de vue des structures

---

1. A. Culioli, « Why Teach How to Learn to Teach What is Best Learnt Untaught », Conférence prononcée le 21 avril 1977 au Seameo Regional Language Centre, Singapour, reprise dans *Cahiers Charles V, N° 1 : Linguistique*, 1979.

Introduction

à maîtriser en début d'apprentissage, s'avère être particulièrement complexe du point de vue de l'identification des marqueurs oraux (voir 2ᵉ partie, chapitre 1).

La phonétique articulatoire, qui est traitée de manière complète et accessible dans bon nombre de manuels existants[2], ne sera abordée ici que pour expliquer certaines erreurs récurrentes, principalement de compréhension. De façon générale, ce sont les difficultés de reconnaissance[3] qui seront au centre de nos préoccupations, car il nous semble que la plupart des erreurs de production les plus néfastes sont provoquées par une mauvaise reconstruction de ce qui est pertinent au niveau des liens son-sens.

---

2. Voir, par exemple : M. Ginésy, *Mémento de phonétique anglaise*, Nathan Université (1995), R. Lilly & M. Viel, *La prononciation de l'anglais*, Hachette supérieur (1977, 1999) et J.-P. Watbled, *La prononciation de l'anglais*, Nathan université (1996).
3. Et non pas de perception comme certains persistent à l'imaginer. En réalité, les jeunes perçoivent correctement les sons et sont souvent capables de les restituer sans erreur. Le problème est celui de la segmentation, qui suppose une maîtrise suffisante du lexique et de la syntaxe pour permettre de reconstituer ce qui n'est pas audible.

Tour d'horizon préliminaire

Dans l'esprit du grand public, et de bon nombre d'apprenants, apprendre une langue étrangère équivaut à apprendre un nouvel ensemble de mots à substituer à ceux de la langue maternelle. Pour la majorité se pose aussi le problème de la prononciation : « je comprends, mais j'ai un mauvais accent » ; « je n'arrive pas à dire T H. »... Selon cette conception, la réalisation de certains sons « difficiles » constituerait le principal obstacle à la maîtrise de la langue orale, et la langue écrite aurait une existence propre avec des règles de fonctionnement plus « faciles » à cerner et à transmettre. Tant que cette dichotomie persiste dans les esprits, il est pratiquement impossible d'envisager l'acquisition de la langue étrangère, qui suppose l'organisation en système de **toutes** ses composantes.

Dire qu'il y a une « grammaire de l'oral » c'est dire que la manière dont les sons se combinent détermine le sens qu'un locuteur construit et qu'un interlocuteur interprète. Il n'y a pas de « forme » qui ne soit incarnée dans un flux sonore dont dépend cette construction du sens. Reste que tout ce qui touche à la prononciation n'est pas à mettre sur le même plan : il y a bien des situations de discours où la substitution de phonèmes français à ceux de l'anglais n'entrave pas la communication. Par exemple, beaucoup de locuteurs, y compris de jeunes anglophones, utilisent [z] ou [d] à la place de [ð] et [s] ou [f] à la place de [θ], tout en restant parfaitement compréhensibles. Néanmoins, le fait que /z/ et /ð/ ne soient pas bien distingués dans l'esprit de l'apprenant peut fournir un obstacle supplémentaire à la maîtrise de la détermination nominale, zone épineuse de la grammaire anglaise. En effet, dans un nombre très élevé d'énoncés rencontrés en début d'apprentissage, la copule IS, réduite à [z], est suivie d'un des deux articles A [ə] ou THE [ðə] (*where's the cat, who's the teacher, there's a bird in the tree...*) ; si la séquence [zð] s'amalgame en [z], l'élève entend indifféremment *where's the cat* ou **where's a cat,* énoncé mal formé.

Dans ce chapitre, nous allons passer en revue les types de difficultés qui relèvent de ce que nous appelons la grammaire orale de l'anglais, avant d'exposer, dans le corps de l'ouvrage, leurs causes et de proposer des activités propres à les intégrer dans une pratique raisonnée qui n'isole pas les aspects phonétiques et phonologiques, trop souvent traités à part dans les manuels et donc considérés comme accessoires.

Compréhension orale :

Tout le monde connaît la réaction de panique lors de l'écoute d'un document inconnu : « ça va trop vite » ; « on ne comprend rien » ; « ils avalent les mots »...

La grammaire orale de l'anglais

Il s'agit d'évidence d'un problème de grammaire orale. Deux obstacles majeurs, paralysants s'ils ne sont pas abordés de manière rationnelle, gênent le développement harmonieux de cette compétence : la segmentation, et la discrimination entre formes semblables.

1. Segmentation

Les blancs entre les mots ne se transposent pas à l'oral, ou du moins pas sous une forme unique et facilement reconnaissable. Les marques de nombre, de temps, d'aspect, les « relateurs » de toutes sortes, se manifestent de manière beaucoup plus stable à l'écrit qu'à l'oral, où une même forme peut avoir une multitude de valeurs (p.e. [ə] = *a, are, her*, entre autres, [z] = *is, has*, marque du pluriel, du génitif, de la 3ᵉ personne...) et une même opération être marquée par diverses formes ([d] / [t] / [ɪd] = marques du prétérit), pas toujours audibles.

Cependant, pour quelqu'un qui maîtrise la langue, le système accentuel de l'anglais, et son corollaire, la réduction vocalique dans beaucoup de syllabes inaccentuées, constituent un guide fiable, non un obstacle. Accuser les locuteurs anglophones de « mauvaise articulation », c'est ignorer que ce qui est difficile à entendre est facile à reconstruire : cela fait partie des règles du jeu.

Outre les « formes faibles » et autres syllabes réduites, certains sons disparaissent de la perception ou se transforment dans certains contextes phonétiques. De ce fait, beaucoup d'inflexions (marque du pluriel, du génitif, de la négation, du passé...) sont inaudibles, non seulement pour les apprenants mais pour les anglophones eux-mêmes : personne n'entend le [z] final de *boys* lorsque le mot qui suit commence par /s/ ou /ʃ/. Il faut apprendre à repérer ailleurs dans le texte qu'à l'endroit attendu des indices permettant d'identifier la forme : *the boys showed me their room*. Autrement dit, l'oreille seule, aussi fine soit-elle, ne suffit pas à garantir un découpage correct.

2. Discrimination

En interaction avec ces difficultés, on trouve des formes qui, parce qu'elles se ressemblent phonétiquement, risquent d'entraîner ou de renforcer des confusions quant aux valeurs. On pense spontanément à *his / he's ; their / they're ; whose / who's*, impossibles à distinguer autrement que par le sens et par les contraintes de la morpho-syntaxe, tout comme *c'est / ces / ses* en français. D'autres problèmes de discrimination, que cette fois les anglophones ne partagent pas, peuvent bloquer la compréhension immédiate, mais aussi, à plus long terme, occasionner des confusions lexicales et grammaticales tenaces : *all / whole ; sit / seat ; sell / sale ; sang / sung ; want / won't ; also / although*...[4].

---

4. Peu après les attentats du 11 septembre 2001, un reportage télévisé montrait un médecin new-yorkais qui s'était filmé en train de chercher des blessés à secourir. En s'approchant des décombres fumants du World Trade Center, il murmurait '*I hope I live, I hope I live*', prière que le journaliste français a traduite par « Je dois partir, il faut que je m'en aille » (*I have to leave*).

Tour d'horizon préliminaire

Les problèmes de segmentation et de reconnaissance des formes sont aggravés par la nature fugitive et linéaire de la chaîne sonore. Interpréter correctement suppose la capacité de stocker suffisamment d'informations pour pouvoir éventuellement rectifier une première impression erronée en fonction d'apports ultérieurs. Or la mémoire auditive en langue étrangère est beaucoup plus courte qu'en langue maternelle. L'effort de déchiffrage mobilise tellement d'énergie que tout retour en arrière est pratiquement exclu. Comme chez le jeune enfant qui apprend à mettre un pied devant l'autre, l'attention ne peut s'orienter que dans un seul sens, sinon la chute est garantie.

Conscient des ces difficultés, l'enseignant bienveillant essaie de « décortiquer » le travail, généralement en orientant la réflexion sur le lexique. Il aurait souvent envie aussi d'opérer lui-même une partie du découpage en articulant distinctement les différents éléments, ce qui peut rassurer, mais ne favorise pas l'autonomie. Une approche qui intègre la grammaire de l'oral est mieux à même de prévenir le choc de la réalité : il est vrai qu'en anglais, comme en français, il y a beaucoup de choses qu'on n'entend pas, parce qu'on n'a pas besoin de les entendre pour comprendre. Le travail d'anticipation peut alors porter sur autre chose que les choix lexicaux : si l'on entend distinctement telle séquence et ensuite telle autre, que peut-il y avoir entre les deux ? imaginer des suites grammaticalement possibles à telle séquence sonore initiale... Apprendre la souplesse, prendre du recul par rapport à ce qu'on entend, accepter de remettre en cause une interprétation sont des attitudes à cultiver en vue de dédramatiser la compréhension orale.

Production orale :

En règle générale, on ne réalise correctement que les distinctions qu'on perçoit et inversement, ce qui explique bon nombre d'erreurs persistantes – celles qui sont dues à l'interférence du système phonologique de la langue maternelle. Tant que cela reste au niveau de l'« accent français », les conséquences ne sont pas bien graves : ce qui, en classe, agace le professeur, et, en pays anglophone, amuse les interlocuteurs. Malgré tout, ['zis 'pɛn] est parfaitement interprétable ; la déformation des sons ne mérite pas, à ce niveau, d'inquiétude particulière. Pourtant, la frontière entre une prononciation approximative mais acceptable et des problèmes phonétiques qui inhibent l'apprentissage est difficile à tracer.

1. Confusions grammaticales

C'est à partir du moment où la neutralisation d'oppositions phonétiques masque des distinctions lexicales et/ou morphologiques que la grammaire de l'oral entre en ligne de compte. Si [zis] fait office aussi bien de *this* que de *these*, si l'assimilation de [ð] à [z] aboutit à la production uniforme de [izə] pour *he's* a aussi bien que *is the*, alors il y a péril en la demeure, car le système de fonctionnement que se construit l'apprenant est considérablement affaibli. Or de telles confusions sont légion et persistent parfois bien au-delà des premiers stades de l'apprentissage, comme en témoignent les productions écrites d'étudiants entrant en faculté (cf. ci-après).

Une autre erreur récurrente, qui dépasse de loin un problème de son, concerne l'utilisation de la marque [z/s]. Souvent omise au bout d'un nom au pluriel ou au génitif ou d'un verbe à la troisième personne du singulier, elle surgit malencontreusement à d'autres endroits de la chaîne, accompagnée ou non d'une voyelle acolyte avant ou après. Le même marqueur ayant de nombreuses fonctions, ainsi que plusieurs formes à l'oral, l'élève qui n'a pas réussi à faire un tri cohérent préfère en parsemer sa production au hasard – il en faut tellement de ces [ɪz], [sə] et [zə] qu'il ne faut pas en être avare. En général, cette tendance s'estompe progressivement, grâce à une meilleure maîtrise de la syntaxe, mais l'« oubli » du <s> final persiste longtemps, ainsi que, pour certains, des incertitudes au niveau de la forme interrogative (*Is John's running? *What's do you want?). Les liens son-sens, particulièrement délicats à ce niveau fondamental de la grammaire, nécessitent une vigilance permanente.

2. Accentuation

Si les déformations de phonèmes n'empêchent pas nécessairement de se faire comprendre, les accents mal placés affectent toujours le sens. Au mieux, le locuteur n'exprime pas ce qu'il pense avoir exprimé mais l'interlocuteur rectifie le tir de lui-même ; au pis, la communication se bloque. Entre francophones, pour qui l'accent ne joue pas de rôle significatif dans la construction des valeurs, c'est souvent le premier cas de figure qui prédomine, faisant que ces erreurs passent souvent au second plan dans le cadre de la classe. La surprise est d'autant plus grande lorsque, en milieu anglophone, même des séquences simples posent problème. Par exemple, le mot *America*, prononcé avec un accent sur la première syllabe et réduction de la seconde ['amərɪkɑ], risque fort de ne pas être compris par un anglophone « naïf » alors que, si l'accent est à sa place mais le /r/ et le /i/ prononcés « à la française » (ou « à la portoricaine » comme dans *West Side Story*), le mot est parfaitement reconnaissable.

Outre l'accent de mot, la tendance des francophones à donner un poids égal à chaque syllabe peut donner l'impression à un interlocuteur anglophone que certains termes sont plus saillants qu'ils ne devraient l'être, et donc attribuer à l'énoncé un sens différent de celui voulu. Par exemple, un auxiliaire trop appuyé donne une valeur polémique à la phrase. Ou alors, il y a bien une différence accentuelle entre les éléments, mais la place de l'accent nucléaire est mal choisie. Ceci se passe très souvent dans deux types de séquences : les séquences adjectif – nom ou verbe – particule, où les élèves amorcent une chute intonative sur le premier des deux termes (*let's have a `good rest ; `go back*), et les reprises de prédicat composées d'un pronom sujet et d'un auxiliaire verbal (`are you ? ≠ are `you ?, `he can ≠ he `can). Dans tous les cas, un choix inapproprié introduit une opposition là où il n'y en a pas, ce qui déforme le message dans une mesure plus ou moins néfaste pour la communication.

En situation réelle de discours, les malentendus et les impasses surviennent à des endroits imprévisibles. Nul ne peut dire avec certitude quel degré de distorsion par rapport à une « norme » sera acceptable sans entraver la compréhension mutuelle. C'est pourquoi une certaine rigueur s'impose en matière de prononciation et surtout de rythme. Il ne s'agit pas de nier son identité de francophone en imitant un modèle étranger, mais de comprendre que parler une autre langue suppose qu'on respecte son système de fonctionnement.

Production écrite :

Cette rubrique peut sembler incongrue dans un ouvrage consacré à la langue orale, mais elle y trouve bien sa place, car certaines lacunes qui pourraient passer inaperçues en production orale se manifestent lors du passage à l'écrit. On peut les classer en trois catégories : lexicale, morpho-syntaxique, orthographique.

1. Confusions lexicales

Les difficultés lexicales proviennent de l'incapacité à distinguer entre phonèmes, notamment vocaliques. Ne pas entendre une différence, qu'elle existe objectivement ou non, rend plus difficile sa conceptualisation ; lorsque deux séquences paraissent identiques à l'oral, on finit par ne plus savoir dans quelles circonstances l'une ou l'autre convient, d'où parfois des erreurs surprenantes à l'écrit[5] : **I was leaving* ([liːvɪŋ] ≠ [lɪvɪŋ]) *in Kent ; *I felt* ([felt] ≠ [feɪld]) *this course last year.*

2. Confusion morpho-syntaxiques

Certaines confusions, même si on ne peut les attribuer exclusivement à une origine phonétique, se voient aggraver par des difficultés de perception. L'expression de la totalité, au moyen de ALL (THE) ou (THE) WHOLE, pose problème dans les contextes où l'un et l'autre correspondent au TOUT français ; à l'oral, aussi bien la fonction de /h/ que l'opposition /əʊ/-/ɔː/ échappent à beaucoup d'apprenants, d'où une confusion accrue et des erreurs comme : **to change the all* ([ɔːl] ≠ [həʊl]) *policy of education.* De même, la similitude réelle entre les terminaisons participiales de certains verbes ([ɪŋ] ~ [ən]) renforce des incertitudes sur l'emploi de la voix passive[6] : *you should have **been taken** this train* (exemple de W.Halff) ; *generally every directories **are writting** in english* (sic)**.**

3. Correspondances graphie-phonie

Ce dernier exemple illustre notre troisième catégorie – des erreurs d'orthographe dues à l'ignorance des contraintes. La plus fréquente est celle qui concerne le doublement des consonnes, nécessaire après une voyelle brève, interdit après une voyelle longue. Cette règle simple est ignorée aussi bien à l'écrit

---

5. Erreurs relevées dans des copies en expression libre d'étudiants entrant en première année du DEUG d'anglais.
6. Voir Halff, Wendy, L'Oral et l'erreur grammaticale, *Les langues modernes*, n°5, 1987 : *Les erreurs des élèves, qu'en faire ?*

qu'à la lecture à haute voix, de sorte qu'on trouve *hiding* avec deux <d> et *comma* avec un seul <m>, et que des mots inconnus sont prononcés en dépît de toute logique : *a muggy* *[mjuːgi] *day, slipping* *[slaɪpɪŋ], *blabber* *[bleɪbə]... D'autres erreurs, plus subtiles, témoignent également d'une méconnaissance du système oral : la locution adverbiale *first of all* (ˈfɜːstevˈɔːl]) se transforme dans certaines copies en mot unique : *firsteval*, qui, s'il existait, ne pourrait avoir pour troisième syllabe [ˈɔːl], ni fonctionner comme adverbe de phrase, car la terminaison – AL forme exclusivement des noms et des adjectifs et se prononce toujours [əl] (*festival, prodigal*...).

Nous l'avons dit, la grammaire de l'oral est omniprésente, et l'enseignant qui vise l'autonomie de l'élève se doit d'en connaître le fonctionnement, afin de détecter à temps les signes de dérapage et, si possible, d'en intégrer les aspects les plus prévisibles dans les activités de réflexion qu'il propose à ses élèves.

Première partie : la prosodie

Chapitre 1

L'accent – pivot du système

A moins d'avoir été exposé très tôt à une langue germanique ou slave (entre autres), l'apprenant francophone ne peut se représenter l'importance du système accentuel pour la construction du sens en anglais. Si les phonéticiens arrivent à identifier un « accent » en français, caractérisé essentiellement par le rallongement de la dernière syllabe d'un groupe de souffle, ce concept n'entre jamais dans la conscience de la plupart des locuteurs, car sa valeur linguistique est minimale, étant redondante par rapport à d'autres marqueurs de fin de groupe (pause, montée ou chute intonative…).

Il en va tout autrement en anglais, où le jeu entre temps forts et temps faibles fait partie intégrante de la syntaxe de la langue parlée. Cette différence fondamentale entre les deux langues est sans doute à l'origine, directement ou indirectement, de la plupart des « ratés » dans les échanges entre francophones et anglophones : un accent mal placé peut déformer totalement un message, même simple, et la méconnaissance des contraintes en matière d'accent conduit à des méprises fréquentes. Quelques exemples vécus illustreront ces points.

- Un étudiant en sciences, ayant un bon niveau d'anglais, raconte : « The film is about motorcycles. You could say the hero is a [ha li dei vɪt sən] ». Les quatre premières syllabes de la séquence ayant été prononcée avec une longueur et une intensité à peu près égales, l'interlocuteur anglophone n'a pu retrouver le schéma accentuel voulu : [ˈhɑːli ˋdeɪvɪtsən] (Harley Davidson). Une mauvaise segmentation s'en est suivie : [ˈhalɪdeɪ ˋvɪtsən], lui faisant reconstruire un premier terme « holiday », suivi d'un mot inexistant, et bloquant ainsi la poursuite du dialogue.

- Lors d'une représentation par des étudiants anglicistes de la pièce de Tennessee Williams *A Streetcar Named Desire*, une des protagonistes déclare : « They've gone down to the [ˈbaʊlɪŋ əˋliː]. Il a fallu un certain temps pour déchiffrer correctement « bowling alley » ([ˋbəʊlɪŋ ˌæli]) et encore plus pour retrouver le fil du texte.

- Devant faire le résumé d'un texte enregisté dans lequel il était question de [sə ˈdʒɒn] (Sir John) et son épouse [hə ˈleɪdɪʃɪp] (her ladyship), plusieurs étudiants en première année de DEUG ont parlé de « the sergeant » (anglais [ˈsɑːdʒənt], mais la confusion venait sans doute du français [sɛrˈʒɑ̃]) et de « the lady's ship » (accent normalement sur le nom final alors que le locuteur l'avait placé sur le premier terme du composé).

Chacun pourrait ajouter des exemples de ce type, tellement le problème est répandu : pour comprendre et pour se faire comprendre en anglais, il est essentiel de connaître le système accentuel, non seulement « en théorie » (place de l'accent dans le mot et dans l'énoncé), mais dans ses manifestations acoustiques.

I. Définitions

Pour les apprenants francophones, les problèmes sont de plusieurs ordres. Le mot « accent » lui-même est trompeur, car en français il a plusieurs acceptions qui n'ont aucun rapport avec l'emploi qui en est fait en phonétique anglaise (accent aigu / grave / circonflexe ; accent étranger / parisien / du midi). Par ailleurs, le verbe « accentuer », signifiant « souligner, faire ressortir », paraît difficilement transposable à la réalité physique de la langue orale, à moins qu'on n'entende par « accentuer » : « dire plus fort ».

1. Les manifestations physico-acoustiques

Or, l'effet de saillance (anglais : *prominence*) qui caractérise les syllabes accentuées en anglais est dû à une combinaison de facteurs et non à la seule intensité. Entrent également en ligne de compte la durée, la hauteur relative, la variation de fréquences, le timbre vocalique. Même une phrase chuchotée peut être analysée en syllabes accentuées et inaccentuées, grâce notamment à la durée relative de chacune d'elles. Une des grandes difficultés en production consiste à modifier les habitudes acquises dans la langue maternelle : au lieu d'articuler toutes les syllabes en succession avec le même « poids » acoustique comme en français, il faut apprendre à en rallonger certaines et à en raccourcir d'autres, selon le sens et la syntaxe, sans introduire de variations mélodiques trop prononcées. Contrôler simultanément autant de facteurs n'est pas chose facile : il ne suffit pas de savoir « où placer les accents » pour y parvenir.

Une autre difficulté terminologique provient des linguistes eux-mêmes, qui distinguent accent de mot et accent de phrase, ce dernier étant, pour les uns, toute syllabe saillante dans l'énoncé et, pour les autres, synonyme d'accent « nucléaire » ou « noyau » (anglais : *nucleus*). Du point de vue didactique, il y a lieu, non seulement d'éviter tout risque d'ambiguïté, mais surtout d'employer des termes aptes à modifier les comportements. Aussi, préférons-nous traiter ces phénomènes en termes musicaux, en distinguant les « battements rythmiques » et les accents « mélodiques ».

L'accentuation est un phénomène phonétique complexe qui fait ressortir certaines syllabes par rapport à d'autres dans la chaîne sonore. Lorsque cette saillance relative n'est due qu'à la durée relative d'une syllabe par rapport à sa ou ses voisines, on l'appelle « battement rythmique ». La plupart du temps, l'effet de saillance s'accompagne d'un changement de ton : nous parlons d'« accent mélodique ». En fin de syntagme, ou d'énoncé, le changement de ton imprime une direction à la courbe intonative (montée ou descente) ; ce dernier accent mélodique, le seul obligatoire, est l'accent « nucléaire ».

a) Battements rythmiques

En ce qui concerne le lexique, on sait que le schéma accentuel d'un mot de plus d'une syllabe est quasiment immuable et fait partie de sa physionomie, au même titre que les segments (consonnes et voyelles) qui le composent. Pour définir ce schéma, on a habituellement recours à trois degrés d'accent : principal (*primary*), secondaire (*secondary*) et faible ou nul. Ainsi, le mot *name*, composé d'une seule syllabe, comporte un accent ; les mot *teacher* et *capital* reçoivent un accent principal sur la première syllabe et un accent nul sur la ou les autre(s) ; dans le mot *education*, l'accent principal se trouve sur la troisième syllabe, un accent secondaire sur la première, les deuxième et quatrième étant « faibles ».

Insérées dans une phrase, les syllabes accentuées maintiennent par rapport aux inaccentuées leur saillance relative, reconnaissable grâce à deux facteurs : une durée supérieure et souvent une qualité vocalique plus distincte. C'est ce type de saillance que nous appellerons « battements rythmiques », car l'alternance entre temps forts et temps faibles qu'on trouve en poésie, et notamment dans les comptines et chansons populaires, caractérise de la même manière la langue parlée : **Rome** is the **cap**ital of **It**aly. The **town** is **known** for its **edu**cational in**sti**tu**tions**.

b) Accent mélodique

Dès que des termes s'intègrent dans un énoncé, la mélodie entre en ligne de compte. Les différents battements rythmiques s'organisent selon des variations de ton qui sont fonction du sens. En règle générale, chaque battement rythmique s'accompagne d'un changement de ton, faisant progresser la mélodie très graduellement du haut vers le bas, ou, plus rarement, du bas vers le haut. Nous appelons « accents mélodiques » tous les battements rythmiques jusqu'à et y compris l'accent nucléaire.

c) Accent nucléaire[7] ou chute intonative

Dans chaque énoncé ou groupe de sens en anglais, on trouve une syllabe, généralement proche de la fin, qui s'accompagne d'une modulation de la voix plus marquée que les autres. Du point de vue phonétique, cet « accent nucléaire » amorce la direction de la courbe intonative : toutes les syllabes qui le suivent, qu'elles portent ou non un battement rythmique, continuent dans son sillon. Si l'accent nucléaire est descendant, la voix reste dans les tons graves par la suite ; si l'accent nucléaire amorce une montée, les syllabes suivantes la continuent.

---

7. Dans les manuels et ouvrages de référence, on trouve les termes « noyau », « nucleus », « accent tonique », « accent de phrase », « accent principal », parmi d'autres.

Pour illustrer ces trois degrés d'accent, considérons l'énoncé suivant :

The 'teacher 'gave us a `test to,day[8].

Les syllabes **teach, gave, test, day** ont toutes une voyelle pleine et une durée plus longue que les autres, qui comportent la voyelle réduite /ə/ : ce sont les « battements rythmiques ». Pour des raisons qui seront explicitées par la suite, l'énoncé cité aurait vraisemblablement une chute intonative sur *test*, qui porte donc l'« accent nucléaire ». La voix étant maintenue dans les graves lors de l'articulation du mot suivant *today*, nous disons que seuls **teach**, **gave** et **test** portent un accent mélodique. Nous voyons ainsi qu'il y a un effet cumulatif dans les degrés de saillance : l'accent nucléaire est en même temps accent mélodique et battement rythmique. Tout accent mélodique est également un battement rythmique. Et enfin, il peut y avoir des battements rythmiques qui ne font pas avancer la progression mélodique.

> Il importe d'observer que l'accent nucléaire a une fonction démarcative : il signale la fin d'une unité intonative. En ce qui concerne le sens, il a également une valeur conclusive : il marque la fin de ce que l'énonciateur apporte en propre au discours. Le choix de la place du noyau, essentiel pour la communication efficace, dépend fondamentalement – non pas, comme on le dit parfois, de ce que le locuteur considère comme « important » – mais de la structure informationnelle de l'énoncé, ainsi que nous allons le voir dans les sections suivantes.

2. Propriétés sémantiques : valeur de base

Il est coutumier de distinguer entre les « mots à sémantisme plein », normalement accentués dans les phrases, et les « outils grammaticaux », normalement sans accent. Nous ne retenons pas cette dichotomie sous cette forme pour plusieurs raisons. Premièrement, les étiquettes sont trompeuses, car le sémantisme de *this* ou de *what*, par exemple, presque toujours accentués, peut paraître inférieur à celui de *can* ou de *after*, normalement inaccentués. Deuxièmement, comme nous venons de le voir, deux degrés d'accent – accentué / inaccentué – ne suffisent pas à rendre compte des phénomènes accentuels dans un énoncé. Peut-être vaut-il mieux, pour bien saisir les vrais enjeux, procéder à l'envers, en repérant les « battements rythmiques » pour se demander ensuite pourquoi les éléments qui les portent sont ainsi distingués.

Dès le stade des formules toutes faites et échanges rituels (*'What's your `name? / 'where does he `come from? / 'what `time is it? / 'how `old are you?*), il convient de travailler sur le rythme. Les premiers énoncés appris ou construits étant majoritairement composés de monosyllabes, la distinction entre éléments porteurs de sens et marqueurs grammaticaux, et sa corrélation avec le placement

---

8. Par convention, un trait vertical en exposant (') indique un « battement rythmique » qui est également « accent mélodique », un trait vertical en indice (,) indique un « accent secondaire » ou battement rythmique sans accent mélodique, et un accent grave (`) le noyau.

des accents, est relativement facile à observer : les mots interrogatifs (*where, what*), substantifs (*name, time*), verbes lexicaux (*come*), adjectifs (*old*) correspondent aux battements rythmiques, à la différence des déterminants, pronoms personnels (*he, you, it*), auxiliaires (*is, does*), prépositions (*from*).

Cependant, il importe que l'enseignant soit conscient des vrais critères de choix pour éviter les généralisations abusives et le recours ultérieur à la notion d' « exception à la règle ». Ce ne sont pas les parties du discours en tant que telles qui sont en cause, mais le rôle des différents éléments dans la construction des relations. Par exemple, si l'on dit d'emblée que les formes conjuguées de la copule (*am, is, are*...) et les pronoms personnels ne portent pas d'accent, il faut traiter comme exceptionnelle une des formules de politesse les plus courantes : *How `are you?* (accent nucléaire sur *are*), ainsi que sa réponse rituelle : *Very well, thank you. How are `you?* (accent nucléaire sur le pronom personnel). De même, les réponses dites « brèves », apprises très tôt, se composent de deux mots grammaticaux, dont un est nécessairement plus saillant que l'autre : *Yes, I `am*.

Il y a donc un certain nombre de précautions à prendre lorsqu'on parle d'éléments « porteurs de sens », pour éviter des raccourcis simplistes. Par exemple, lorsqu'on compare les éléments figurant dans un titre de presse aux mots porteurs d'accent dans la phrase complète correspondante, il n'y a pas nécessairement coïncidence parfaite :

Killer whale moves to meet mate (< a killer whale moves / has moved to meet his mate)
Society to Change Schedule for Sustaining Membership Appeals (< the Society is to change its schedule for sustaining membership appeals).

Dans ces titres, les articles et le verbe *BE* sont omis sans nuire au message, que l'on reconstitue aisément, mais ce n'est pas le cas des prépositions *to* et *for*, indispensables à la bonne formation, et néanmoins inaccentuées à l'oral. On voit ainsi qu'un marqueur peut être essentiel au sens d'un énoncé sans pour autant recevoir un accent en discours. Ce qui compte pour placer les accents n'est pas l'« importance » de tel ou tel élément individuel, mais le degré de choix exercé par l'énonciateur dans la construction des relations.

3. La notion de sélection

Les considérations théoriques qui suivent ne sont pas transposables directement à l'enseignement. Néanmoins, une conscience de ce qui fait l'unité du système accentuel de l'anglais peut éviter certains écueils, et faciliter le choix d'une progression. En ce qui concerne l'objectif du présent ouvrage, il nous paraît essentiel de préciser dès l'abord en quoi cet aspect phonétique est au cœur même de l'activité langagière dans son fondement cognitif.

Un énoncé se construit. Sa mise en forme est l'aboutissement de processus mentaux que personne ne saurait décrire dans le détail, mais sur lesquels on peut faire certaines hypothèses. Il paraît vraisemblable, par exemple, qu'une étape essentielle de la construction consiste en la sélection de « matières premières » aptes à transmettre le message préconisé : pour décrire ce qu'on perçoit ou ce qu'on ressent, solliciter une réaction de la part de son interlocuteur (réponse ou action), informer, on doit utiliser des termes susceptibles d'évoquer chez l'interlocuteur le contenu voulu. Pour prendre un exemple très simple, imaginons que quelqu'un décrive une image à un interlocuteur qui ne la voit pas. Il va sélectionner des aspects du tableau qui attirent son attention :

There's a 'vase on a `table. There are `flowers in the ,vase.

Les mots accentués représentent les éléments qu'il a sélectionnés (un autre locuteur aurait peut-être commencé sa description autrement). Par contre, les prépositions *on* et *in*, qui permettent de localiser les objets les uns par rapport aux autres, et sont donc indispensables pour faire visualiser l'image à l'interlocuteur, ne relèvent pas d'un choix effectué par l'énonciateur. A partir du moment où il a choisi de parler du vase et de la table en relation avec la situation d'énonciation (représentée par *there*), il n'est plus libre d'« inventer » le rapport spatial entre les deux.

A un niveau un peu plus complexe, si je veux commenter le fait que mon chien vient de déterrer un os, je peux varier les manières de le dire, mais ne pourrais guère faire l'économie d'un mot pour désigner le chien, d'un autre pour l'os et d'un troisième pour le processus :

a) *Oh, look! The dog has found a bone again.*

b) *That damn mutt has dug up another bone!*

c) *There's Jeff with a bone, and his snout is covered with dirt.*

On remarquera que, à travers les différences, certains éléments restent stables : le verbe est au présent (*is / has*), le terme choisi pour désigner le chien est muni d'un haut degré de détermination (nom propre, article défini, démonstratif), contrairement à *bone* (précédé de *a/an(other)*). Ces éléments-là ne résultent pas du même genre de sélection : il ne s'agit pas de préciser « de quoi je veux parler », mais d'indiquer comment « la réalité se présente à moi ». Je n'ai qu'un chien, ou il n'y en a qu'un qui m'intéresse, alors que l'os dont je parle est pour moi un os comme les autres, un os parmi tant d'autres. Quant à la marque temporelle, je fais un constat, évoque un état de fait que je considère comme applicable au moment où je parle – le présent s'impose.

L'accentuation semble étroitement liée à ce processus de sélection. Les déterminants A/AN, THE ne sont presque jamais accentués, car les opérations dont ils sont la trace ne relèvent pas d'un choix notionnel ; les auxiliaires *has* (a et b) et *is* (c) sont inaccentués dans le cas de « constats » comme notre exemple. Par contre, les termes *look* (a), *that* (b) et *there* (c), qui s'accompagnent probablement d'un geste de la main ou de la tête, ont tous fonction de signal, invitant l'interlocuteur à situer, dans le sens de « trouver le site de », l'objet du discours. Tous ces éléments portent un accent mélodique. La présence ou l'absence d'un accent mélodique s'explique, non pas en termes de « ce qui est important », mais de ce qui relève directement d'un choix de l'énonciateur dans la construction des relations.

Il en va de même des mots interrogatifs, qui indiquent qu'il y a un choix à faire, une case à remplir. Dans des questions comme les suivantes, *who*, *where*, *when* invitent l'interlocuteur à spécifier un terme indispensable à la relation :

Who told you? (X *told you* : il y a un choix à faire parmi les « diseurs » possibles)

Where have they gone? (They have gone somewhere : il y a un choix à faire parmi les lieux possibles)

When is the concert? (The concert is at a certain time : il y a un choix à faire parmi les moments possibles)

Les interrogatifs *what* et *how* entrent dans deux types de construction : soit ils constituent des compléments à part entière, comme les précédents (*What are you doing?* ; *How did they get here?*), soit ils sont subordonnés à un deuxième terme qui indique le domaine sur lequel porte l'interrogation (heure, jour / âge, taille, état de santé…) :

What time is it? / What colour is the bag? / What size does he wear?

How old are you? / How long is the film? / How many children have they got?

Dans ce cas de figure, le mot interrogatif indique qu'il faut situer le référent le long d'une échelle dans le domaine qu'évoque le terme qualifié (*time, colour* ; *old, long*) ; c'est ce domaine qui fait véritablement l'objet du choix notionnel effectué par l'énonciateur. Le terme correspondant reçoit donc un accent mélodique.

Voir dans l'accent un marqueur de sélection notionnelle permet de rendre compte d'un certain nombre de phénomènes souvent présentés (y compris dans les instructions ministérielles) comme distincts :

– accent de contraste : *the neighbour's dog always barks at* OUR *dog* ;

– accent « emphatique » des auxiliaires : *'I don't think he'll come.' 'I'm sure he* WILL.*'*

– accentuation des noms composés : `dining ,hall ; `Christmas ,tree ;

– désaccentuation d'adverbiaux en fin de phrase : *'What did you `do ,last ,night?*

Dans ces exemples, on peut distinguer deux cas de figure :

– un terme normalement classé parmi les « mots grammaticaux » reçoit l'accent nucléaire (*our, will*) ;

– le dernier « mot à sémantisme plein » réfère à une entité qui ne fait pas l'objet d'un choix de la part de l'énonciateur ; nous disons qu'ils est « désaccentué », car, si l'on ne peut lui enlever son ou ses « battement(s) rythmique(s) », il ne comporte pas d'« accent mélodique » (*hall, tree, last night*).

Il est clair que nous ne pouvons nous contenter de la distinction entre deux catégories de mots pour rendre compte de la place des accents dans l'énoncé. Dans la section suivante, nous tâcherons de dégager des critères plus sûrs, en ayant recours au concept de « sélection notionnelle » et à la manière de structurer les informations qu'on veut transmettre.

II. Le choix de l'accent nucléaire[9]

Ce que nous avons appelé « sélection notionnelle » renvoie à la « matière brute » d'un message, aux termes qu'un énonciateur décide de mettre en relation. A un niveau très simple de construction, les accents mélodiques correspondent aux « mots à sémantisme plein » (noms, verbes, adjectifs, adverbes, interrogatifs, démonstratifs), et l'accent nucléaire tombe sur le dernier d'entre eux : *'What's your `name? ; 'Where do you `live? ; The 'cat's in the `kitchen. ; My 'pencil-,case is `blue.* Dans ce schéma souvent considéré comme « neutre », on remarque que le dernier mot, porteur du noyau, n'est pas plus significatif que le premier pour la compréhension du message : l'accent nucléaire n'est pas une marque d'insistance, mais comme nous l'avons indiqué plus haut (§ I.1.c), le signal de la fin de ce que l'énonciateur apporte à l'échange. Il arrive fréquemment (voir exemples de la fin de la section précédente) que des éléments suivent le noyau, signalant par là-même qu'ils ne font pas partie de l'apport informationnel de l'énonciateur.

1. Anaphores

Le cas le plus évident de ce phénomène est celui où l'on reprend un ou des termes dans le contexte avant. Le choix de la notion correspondante, étant déjà fait, n'est plus à faire. La langue dispose de quelques formes réservées à cet usage (HE, IT, ONE, SO...). En outre, l'absence d'accent mélodique fournit le moyen de marquer comme anaphorique n'importe quel terme.

1.1. Mots grammaticaux :

A l'intérieur d'une suite discursive, il arrive très souvent qu'un même référent soit évoqué sous différentes formes linguistiques sans qu'un nouveau choix soit opéré. C'est pour cette raison que les pronoms personnels, qui renvoient par définition à un référent déjà introduit dans le discours, ne portent pas d'accent mélodique : *'Paul 'told us about it.* (*us* et *it* sont inaccentués). De même, le pronom ONE, lorsqu'il est utilisé pour éviter la répétition d'un nom, et les indéfinis ANY et SOME utilisés pour renvoyer à une classe déjà mentionnée, ne reçoivent jamais d'accent nucléaire.

There are extra blankets in case you `need one. (*one* = *a blanket*)

Do you sell peaches? I'd like some `white ones. (*ones* = *peaches*)

I wanted new shoes, but I couldn't `find any. (*any* = *any shoes*)

The coffee smells good. Let's `drink some. (*some* = *some coffee*)

Ce qui vaut pour le groupe nominal s'applique de manière identique au verbe. Pour reprendre l'ensemble d'un prédicat, on a recours soit à l'anaphorique SO, soit à un auxiliaire :

'Are the Bakers invited ?' 'I `hope so.' (*so* = *that the Bakers are invited*)

I'll leave when my `friend does. (*does* = *leaves*)

---

9. Par souci d'économie, nous utilisons également le terme « noyau », mais il faut éviter de confondre cette notion avec celle de « cœur » ou de « centre ».

Tous ces anaphoriques appartiennent bien à la classe des « mots outils » ; il est donc normal qu'ils ne portent pas le noyau en fin de phrase. La difficulté pour les élèves réside dans la réalisation des séquences finales. Ils ont tendance à mettre en relief la dernière syllabe, ce qui modifie le sens, ou alors de trop la réduire, ce qui nuit à l'intelligibilité. Trouver le juste milieu dans les énoncés de ce type, très fréquents dans les échanges oraux, passe sans doute par la « leçon de chant » évoquée au chapitre 3. L'enseignant, lui, doit garder une oreille attentive – l'alignement de mots sans distinction prosodique ne peut passer pour la construction d'un énoncé.

1.2. Mots lexicaux

Outre les anaphoriques spécifiques, on peut également évoquer une notion déjà introduite en employant le même mot ou un synonyme. Un terme répété est généralement désaccentué pour indiquer qu'il ne fait pas l'objet d'une nouvelle sélection :

The neighbours' dog always barks at `our ,dog (en parlant de chien, je parle aussi du nôtre)

A doctor who explains what is wrong is a `good ,doctor. (en parlant de médecin, je définis une sous-catégorie)

Bien entendu, il n'est pas nécessaire de répéter le même élément lexical pour renvoyer à la même notion. D'autres types de substituts existent :

– les déictiques :

If you want to go to London, I'll `take you ,there (there = to London)

The Browns won't be with us on Sunday ; they'll have `left by ,then. (then = Sunday)

– un synonyme ou une périphrase :

Did you see Sam when he was in town ? – No, I `missed the,old ,fellow. (the old fellow = Sam)

– l'inclusion, ou relation partie-tout :

I've just made some fresh coffee. `(Have a ,cup. (a cup = une quantité définie de *coffee)*

1.3. Accentuation d'un terme repris

Il serait faux, cependant, de considérer que répétition implique systématiquement désaccentuation. Même si le référent est connu du co-énonciateur, il peut faire l'objet d'un nouveau choix de l'énonciateur, notamment quand celui-ci introduit une opposition. Ce phénomène est particulièrement facile à appréhender en étudiant les phrases elliptiques composées d'un pronom personnel sujet et d'un auxiliaire représentant un prédicat déjà posé. Les deux termes – pronom et auxiliaire – sont par définition anaphoriques, et pourtant l'un des deux est nécessairement plus saillant que l'autre : le pronom lorsque le même prédicat s'applique à un sujet différent, l'auxiliaire lorsqu'il y un choix d'un des pôles, positif ou négatif, de la prédication. Ainsi, dans les « question tags » et les réponses brèves, c'est l'auxiliaire qui reçoit l'accent nucléaire :

*The train hasn't left yet, `**has** it ?*

*'Do you want to come ?' 'Yes, I `**do**'*

Dans d'autres constructions, où le choix se situe au niveau du sujet, le schéma accentuel est inversé :

*'Who wants to come ?' '`**I** do.'* (choix du sujet qui valide la relation <( ) *want to come*>

Sam is going to the party. Are `you? (modification du sujet correspondant au prédicat *go to the party*)

Jane's sister runs faster than `she does. (opposition entre Jane's sister et Jane quant à la propriété *run fast*)

If anyone can do it, `he can. (sélection d'un élément de la classe ouverte par *anyone*)

Ces petites phrases, ou portions de phrases, sont souvent mal accentuées, faute d'une maîtrise suffisante des rapports entre son et sens. Le travail sur l'intonation des questions tags ne peut se dissocier d'une réflexion sur la place du noyau, à l'aide de paires minimales, comme les suivantes : *You're not going to fix it, `are you ? / I'm not going to fix it. Are `you?* La forme des reprises n'est correcte que si l'accent nucléaire est bien placé.

De même, on peut opposer :

If you need more money, I've `got some (*some* anaphorique : de l'argent) à

I haven't got much money, but I've got `some (quantité d'argent inférieure à *much*)

Pour résumer, on observe qu'un élément strictement anaphorique, c'est-à-dire repris tel quel au sein d'une relation préconstruite, ne reçoit pas d'accent mélodique, mais qu'il est possible de référer à un terme déjà introduit dans le discours tout en modifiant son statut dans l'énoncé. Dans ce cas, il correspond à un nouveau choix énonciatif et reçoit donc un accent mélodique.

---

2. Reprise situationnelle

2.1. Repères spatio-temporels

La désaccentuation d'un élément final ne correspond pas toujours à une reprise contextuelle. Souvent des termes qui renvoient à la situation énonciative, notamment à sa dimension spatio-temporelle, sont traités comme de l'« ancienne information ». C'est le cas par exemple de certaines locutions adverbiales :

What shall we `do to‚night?

I heard a good `joke the ‚other ‚day.

There's a `spot on your ‚tie.

Dans ces énoncés, l'ancrage dans le temps ou dans l'espace de l'événement ou de l'état de faits évoqué est présenté comme une propriété intrinsèque, indissociable de l'événement lui-même. La tache sur la cravate, par exemple, est nécessairement localisée par l'énonciateur avant qu'il n'en parle ; ce qu'il signale à son interlocuteur est que sa cravate est tachée, l'existence de la tache et l'endroit font un tout. De même, l'événement <I – hear a good joke> ou <we – do something> n'a de réalité que par rapport à un moment dans le temps. Si l'on ajoute un accent mélodique sur le circonstant, on ajoute une information complémentaire, on fait comme si le moment ou le lieu faisait l'objet d'un choix indépendant. Ainsi, en mettant un accent nucléaire sur *tonight* : '*What shall we 'do to `night?* on donnerait l'impression qu'on veut se fixer un emploi du temps sur plusieurs soirées, avec une activité différente chaque fois. Un tel énoncé, tout à fait possible, exige un contexte particulier. Il serait peu susceptible d'apparaître en début de dialogue, comme entrée en matière.

2.2. *Espace partagé*

Tout comme les compléments de temps ou de lieu qui font partie de la situation de référence, il arrive souvent qu'on intègre des éléments dont l'existence dans la situation de discours est supposée connue de l'interlocuteur, même s'ils n'ont pas été mentionnés. Par exemple, chez le boulanger, on n'a pas besoin d'introduire la notion /BREAD/, il est normal de déclarer : *I'd like some `rye ,bread*.

Ainsi, dans une séquence finale composée d'un adjectif qualificatif suivi d'un substantif, le fait de faire ressortir l'adjectif par rapport au nom laisse supposer que celui-ci renvoie à quelque chose dont l'existence est établie, mais qui se distingue par la qualité mentionnée. Si, chez le boulanger, on dit : *I'd like some `fresh ,bread*, on implique que le pain présent dans la boulangerie n'est pas, ou pourrait ne pas être, frais. La réaction du vendeur ne serait sans doute pas la même que précédemment.

Les élèves se trompent souvent dans la réalisation de telles séquences, pensant qu'en faisant ressortir l'adjectif ils « mettent de l'expression ». En réalité, ils modifient le sens de leur énoncé, rendant contrastif ce qu'ils voulaient expressif : l'élève qui dit : *I'm ready for a `good ,rest*, en « insistant sur » la qualité, fait croire qu'il s'est déjà reposé, mais pas suffisamment.

> Le fait de pouvoir signaler, grâce à la désaccentuation, qu'un terme est supposé connu du coénonciateur, parce que récupérable dans la situation d'énonciation, permet de rendre certaines nuances par le seul jeu des accents. Une même suite textuelle aura des interprétations différentes à l'oral selon la place de l'accent nucléaire.

Le comparatif *more*, par exemple, peut porter sur différentes parties du discours ; la suite *more modern music* peut signifier « davantage de musique moderne » ou « de la musique plus moderne ». Cette apparente ambiguïté est levée à l'oral : si la musique qui est présente dans la situation appartient pour l'ensemble des interlocuteurs à ce qu'on appelle '*modern music*', alors cette portion de phrase sera désaccentuée : *I 'wish he'd 'play some `more ,modern ,music* (davantage de musique moderne). Si, au contraire, l'énonciateur considère que la musique qu'il entend n'est pas assez moderne, il mettra l'accent nucléaire sur l'adjectif, limitant la portée du comparatif à la seule qualité, puisque cette qualité ne fait pas partie de ce qui est considéré comme acquis : *I 'wish he'd 'play some 'more `modern ,music.*

Avec des étudiants avancés, d'autres cas de figure peuvent être introduits en liaison avec l'expression d'une modalité épistémique ou appréciative :

I `knew we'd be ,late.

I'm `glad you were ,able to ,come.

I `thought I'd ,heard that ,name before.

Chacune de ces phrases comporte une complétive qui renvoie à un état de fait considéré au préalable comme « étant le cas ». Cette relation prédicative préconstruite fait l'objet d'un commentaire de la part de l'énonciateur. Comme dans les autres cas vus jusqu'ici, ce qui est repris (anaphorique) est désaccentué, au bénéfice de ce qu'apporte l'énonciateur.

Il est loisible d'imaginer une situation dans laquelle chacun de ces énoncés serait approprié. Lorsqu'on arrive au cinéma après le début de la séance, ayant reproché à son compagnon d'avoir tardé à partir, on peut « enfoncer le clou » en lui disant : *I `knew we'd be ,late.* Le contenu de la complétive <we be late> est actualisé dans la situation partagée par les deux interlocuteurs ; l'énonciateur traite donc cette portion de phrase comme une « information ancienne ». Sa propre contribution au discours est l'affirmation de sa connaissance préalable de ce qui s'avère être le cas.

Le deuxième énoncé est tout à fait semblable. En voyant un(e) invité(e) arriver à une réception, on constate que <you be able to come> se réalise, ce que sait déjà l'interlocuteur. L'énonciateur fait part de son plaisir par rapport à cet état de fait.

Le troisième est un peu plus complexe. On peut supposer que l'énonciateur vient d'apprendre que la personne dont on parle est célèbre pour une raison ou une autre. Il se remémore le moment où son nom a été prononcé : le nom semblait familier mais il n'arrivait pas à identifier la personne. Au moment de l'énonciation, il fait le rapprochement : ce qui n'était qu'une impression : <I hear that name before>, est bien le cas. Le retour sur une relation préconstruite justifie la désaccentuation.

Ces derniers exemples montrent l'étendue de la notion d'anaphore « situationnelle » : sont désaccentuées des portions d'énoncé qui renvoient à un aspect de la situation que l'énonciateur estime partager avec son coénonciateur. Sans atteindre ce degré de complexité, on a tout intérêt à rechercher les motifs de désaccentuation pour corriger certaines idées préconçues sur le rôle de l'accent. Bien souvent, il s'agit moins d'« insister » sur un élément que de montrer les rapports entre les divers termes d'un énoncé.

3. Le choix « en bloc »

Nous venons de voir que lorsque l'accent nucléaire ne tombe pas sur le dernier « mot à sémantisme plein », c'est parce que celui-ci renvoie à une notion qui entre dans une relation préconstruite, qu'il n'apporte pas d'information nouvelle.

Parfois de telles relations préconstruites ne dépendent pas de la situation d'énonciation, mais existent indépendamment du langage.

Par exemple, en ouvrant les rideaux le matin, on annoncerait : *The `sun's ,shining*, avec un accent nucléaire sur *sun*, puisque le prédicat *shine* s'intègre, par essence, à ce que l'on constate (en français, on aurait « le soleil » ou « il y a du soleil »). Les deux mots *sun* et *shine* s'associent pour ne former qu'une seule notion. Ce n'est pas l'énonciateur qui décide de prédiquer une propriété du sujet de sa phrase, le choix opéré porte sur un ensemble « tout fait ». De même, on aurait : *Listen ! There's a `bird ,singing* – le son produit par un oiseau lorsqu'il émet des sons ; *there's a `wolf ,howling* ; *a `gun's been ,fired*.

La désaccentuation du prédicat est normale chaque fois que celui-ci suit un nom auquel il est naturellement associé, qui peut être complément d'objet aussi bien que sujet :

How many `brothers have you ,got ?

What `languages can you ,speak ?

I've got a `favour to ,ask of you.

My `hair ,needs ,cutting.

L'association préalable peut relever, non pas de la nature (/sun shine/, /dog bark/, /speak language/) mais de conventions sociales. Par exemple, si l'on dit : *Jane can't come. Her `mother is ,ill* (accent nucléaire sur **mother**), le message communiqué est que si *Jane* ne peut pas venir, c'est à cause de sa mère. La raison précise (la maladie) en est une parmi d'autres susceptibles, dans des situations connues de tous, de constituer un empêchement. Tout comme la relation prédicative <sun shine>, la relation prédicative <mother be ill> ne constitue qu'un seul élément d'information lorsqu'il s'agit d'expliquer une absence.

Comme tous les accents mélodiques, l'accent nucléaire marque un choix notionnel opéré par l'énonciateur. Le terme qui le porte est le dernier du groupe correspondant à un tel choix. Si d'autres termes le suivent, ils sont ou bien anaphoriques, contextuellement ou situationnellement, ou bien reliés par une relation préconstruite à ce qui précède.

Pour mieux comprendre ce que l'on entend par relation préconstruite, nous allons essayer de l'appréhender à travers l'étude des mots composés, sorte de mini-syntaxe où le rôle de l'accent est essentiel.

III. Les mots composés

Le vocabulaire de base des programmes scolaires comporte un nombre important de mots composés, surtout des noms composés (*pencil-case, schoolbag, classroom, notebook*...), mais aussi des adjectifs composés (*blue-eyed, long-haired, good-looking*...) et des verbes à particule (*stand up, sit down, run over, give back*...). Une « règle » stipule que dans les noms composés, l'accent principal tombe sur le premier terme. Les mots ,*head'master* et ,*head'mistress*, qui ont l'accent principal sur le second membre, doivent alors être considérés comme des exceptions à la règle.

Comme la composition est un procédé très productif en anglais, une réflexion sur les mécanismes à l'œuvre, y compris au niveau de l'accentuation, offre plusieurs avantages. Premièrement, les différentes manières de qualifier un nom – par un adjectif, un autre nom ou un génitif – forment un système simple et cohérent, ce qui échappe parfois aux élèves. Deuxièmement, lorsqu'on comprend comment se construit la relation entre les deux membres d'un composé, on peut en fabriquer de nouveaux, ce qui constitue une étape importante vers l'autonomie de l'apprenant. Troisièmement, puisque le schéma accentuel est étroitement lié à la construction des relations, l'étude de la nature du lien, limitée à un syntagme bref, illustre particulièrement bien la nécessité d'intégrer l'accentuation dans la grammaire.

1. La qualification du nom

Traditionnellement, on aborde l'emploi d'un adjectif qualificatif en position épithète (*a new car, a green door*...) du point de vue de la syntaxe, alors que les noms composés sont traités comme des éléments de vocabulaire, à apprendre tels quels, à côté de noms simples avec lesquels ils peuvent entrer en relation paradigmatique (*pencil / notebook ; actor / bus driver ; cinema / swimming pool*). Or dans les deux cas un nom placé en tête de syntagme (« à droite ») est qualifié par un terme placé à sa gauche qui en limite la portée (*a green door* a la particularité, par rapport à d'autres portes, d'être verte ; *a bus-driver* se distingue d'un *taxi-driver* de par le type de véhicule qu'il conduit). Les confusions sur l'ordre des mots en anglais sont suffisamment fréquentes pour qu'on signale cette régularité.

Il reste qu'il y a différentes manières de qualifier, qui correspondent à différentes manières de prononcer les groupes nominaux ainsi formés. L'adjectif qualificatif, appelé aussi « descriptif », sélectionne une propriété parmi celles qui caractérisent le référent : taille, couleur, composition matérielle, forme, âge, origine... En préposant un tel adjectif à un substantif, on désigne une sous-classe de ce à quoi réfère le substantif : *a green door* appartient à une sous-classe des *doors*, ayant en commun leur couleur, et se distinguant de par cette qualité des portes d'autres couleurs. Les sous-classes ainsi formées sont mutuellement exclusives : une porte ne peut être à la fois verte et bleue et rouge, à moins d'être multicolore, auquel cas on ne pourrait la désigner par le syntagme *a green door*.

Le « sens » d'un syntagme de ce type s'obtient en « additionnant » le sens des deux termes : toute porte de couleur verte peut être identifiée par le syntagme *a green door*. L'accentuation reflète cette construction : chacun des deux termes reçoit un accent mélodique, car l'information apportée par l'un s'ajoute à celle apportée par l'autre.

Or, la position d'épithète (pré-nominale) est souvent occupée par un substantif qui fonctionne exactement de la même façon. Les noms de substances, par exemple, (*cotton, silk, stone, iron*...) permettent d'identifier des objets qui se distinguent en vertu de leur composition matérielle : *cotton shirt* (≠ *silk shirt, nylon* shirt…) ; brick wall (≠ stone wall, concrete wall) ; paper plate (≠ plastic plate, china plate). Comme là encore le sens du tout résulte de la somme des parties, les deux termes reçoivent un accent mélodique. D'ailleurs, l'on dit souvent que ces noms en position épithète sont utilisés « comme des adjectifs », car ils permutent parfois avec des adjectifs à part entière ayant la même valeur (a wooden fence, a woollen jumper). Qui peut dire si le mot *plastic* ou le mot *square* est fondamentalement nom ou adjectif ?

A l'inverse, on sait qu'une même suite de termes peut signifier deux choses différentes, difference qui sera marquée par l'accentuation : a 'black 'bird / a 'blackbird (merle) ; a 'green 'house / a 'greenhouse (serre). Il est clair que le sens du composé ne s'obtient pas, de manière transparente, en « additionnant » le sens des deux composantes prises isolément. Le nom 'blackbird est réservé à une seule espèce d'oiseaux noirs alors que la séquence 'black 'bird est purement descriptif. A 'greenhouse n'est pas verte du tout, il s'agit d'un bâtiment dans lequel on cultive des plantes vertes.

Il est à noter que si les mots composés formés à partir d'une suite adjectif plus nom ont acquis un sens conventionnel qui dépasse la somme des parties, celui-ci n'est pas pour autant complètement arbitraire : le 'blackbird est bien un oiseau, la 'greenhouse est bien une sorte de bâtiment, et la couleur associée a un rapport certain avec le référent. Comme dans les séquences adjectif plus nom ou nom plus nom mentionnées précédemment, le nom situé à droite dans le syntagme désigne le référent, et le terme placé à sa gauche en donne une propriété distinctive.

2. Relations entre les termes d'un composé

En général, lorsqu'on parle de noms composés, on pense aux associations figées de deux noms qui désignent un aspect de la réalité technique, sociologique, économique… : *sewing-machine, video-recorder, teacup, schoolbus, maternity leave…* Toutes ces expressions reçoivent un seul accent mélodique en discours, sur la syllabe accentuée du premier terme. Cette accentuation correspond à ce que nous avons appelé dans la section précédente « le choix en bloc » : le composé constitue une seule unité d'information. Dans cette section, nous allons montrer en quoi la désaccentuation du deuxième élément relève de la construction préalable d'une relation.

La majorité des composés introduits en début d'apprentissage appartiennent à trois grandes catégories :

- deux noms simples juxtaposés : 'pencil,case, 'snowstorm, 'bedroom… ;
- un nom simple qualifié par un gérondif (verbe + -ING) : 'swimming ,pool, 'washing ma,chine, 'shopping ,cart… ;
- un nom d'agent (verbe + -ER, -OR, -IST) précédé d'un nom simple : 'bus ,driver, 'history ,teacher, ,C'D ,player ….

Dans tous les cas, le nom qui figure en tête (à droite) « appelle » un complément qui précise la nature du référent. L'association des deux termes consacre un lien qui existe en dehors du langage, qui est dans l'« ordre des choses » que notre société a établi.

2.1. Juxtaposition de deux noms simples

Ce procédé, extrêmement productif en anglais, permet de nommer des objets conçus pour un certain usage. Souvent le terme de droite nomme un type de récipient et celui de gauche ce qu'il est censé contenir : 'pencil ,case, 'teacup, 'sugar ,bowl, 'treasure ,chest... Dans de telles combinaisons, la glose appropriée comporte une idée de but ou d'intention : *a pencil-case is a case for pencils*. De la même manière, un magasin est conçu pour vendre, le mot *shop* est donc précédé du produit vendu : 'dress shop, 'bookshop, 'record ,shop... ; une salle est généralement réservée à un certain usage : 'classroom, 'bedroom, 'bathroom... ; une histoire est consacrée à un thème : *de'tective ,story, 'ghost ,story, 'love ,story....*

C'est dans la mesure où le nom principal présuppose une fonction particulière qu'on peut parler de relation préconstruite : ce n'est pas l'énonciateur qui choisit une propriété pour décrire le référent, cette propriété fait partie de sa définition.

Une fois compris ce principe, les élèves pourront fabriquer à leur guise des composés jamais vus, mais recevables : 'yoghurt ,spoon, 'ice ma,chine, 'rabbit ,house, 'key ,drawer...

2.2. Gérondif + nom

La fonction à laquelle est destinée un objet est très souvent une activité : *a 'swimming ,pool is a pool for people to swim in* ; *a 'washing ma,chine is a machine for people to wash with*. La relation préconstruite est une relation prédicative : *people swim in pools* ; *people wash clothes in a machine*... On note que le nom tête renvoie souvent à l'instrument ou au lieu d'exercice de l'activité : 'shopping ,cart, 'racing ,car, 'landing ,wheels ; 'playing ,field, 'writing ,desk ; 'dining ,room. Mais ce schéma permet aussi de désigner une personne : 'cleaning ,lady (lady specialised in cleaning) ; 'skiing ,champion.

2.3. Noms d'agents

Les composés du type 'bus ,driver illustrent particulièrement bien ce qu'on entend par relation préconstruite. Ces composés unissent les trois termes d'une relation prédicative – agent, processus, complément – mais dans l'ordre inverse : *a bus driver is someone who drives buses*. On part du prédicat /drive buses/, qui constitue un métier spécialisé reconnu. Il existe donc une classe d'agents spécialisés dans cette activité. Pour nommer un membre de cette profession, on a recours au suffixe agentif –ER, qui s'ajoute au verbe (cf. *write / writer* ; *sing / singer* ; *act / actor*). Comme le nom qui désigne ce dont on parle (ici une personne) doit se trouver à droite, et le domaine d'application à gauche, le complément d'objet direct se trouve avant le verbe dans cette construction. Pour compléter cette analyse morpho-syntaxique, il faut observer que le nom qui figure en position épithète (à gauche) ne porte pas de marque de pluriel, à l'instar des adjectifs, toujours invariables : 'stamp col,lector, 'window- ,cleaner, 'song ,writer.

La même construction sert aussi à nommer des objets : *a 'pencil- ,sharpener is a thing that sharpens pencils* ; *'tin ,opener, cas'sette re,corder...* Par ailleurs, le processus de construction est identique pour des noms d'activités se terminant par –ING : 'sight,seeing = *the activity of seeing sights* ; 'babysitting = *the activity of sitting with young children.*

Les possibilités de création dans ce domaine sont très vastes, et offrent une occasion privilégiée de travailler simultanément sur le lexique, la morpho-syntaxe, la construction du sens et l'accentuation. (Voir Activités de découverte I)

3. Les schémas accentuels

Jusqu'ici, nous avons évoqué deux manières de qualifier un nom par un autre, correspondant à deux schémas accentuels : un accent mélodique sur chacun des termes ou uniquement sur le premier (désaccentuation du second). Nous allons regarder de plus près en quoi consistent ces deux types de qualification pour mieux saisir comment l'accentuation reflète la construction de relations entre termes.

3.1. Deux accents mélodiques

Lorsque les deux termes reçoivent un accent mélodique, c'est le signe que le sens de chacun d'eux pris séparément s'« additionne » à l'autre pour produire le sens du tout. Le premier terme est descriptif, renvoyant à une propriété qu'un énonciateur peut choisir ou non d'appliquer au référent. C'est le cas de l'adjectif qualificatif : *a 'large 'room, a 'sweet 'peach, 'foreign 'languages...* C'est également le cas d'un substantif qui entre dans une relation d'identification ou de localisation avec le nom qu'il qualifie.

<u>Identification</u> : Nous avons déjà vu l'exemple de la matière constitutive : *a silk blouse is a blouse which is silk*. La matière est une des propriétés qui caractérisent un chemisier, tout comme la couleur, la forme, la taille. Un énonciateur peut choisir de décrire un chemisier particulier avec plus ou moins de détails, c'est-à-dire, en apportant des informations supplémentaires ou non. L'accent mélodique qui marque chacun des termes choisis correspond à cet apport d'informations.

Ce type de qualification est également à l'œuvre lorsqu'on indique la catégorie à laquelle appartient le référent : *a 'boy 'king, a 'woman 'pilot, a 'toy 'car, a 'model 'plane*. On délimite, par la qualification, une sous-classe à l'intersection des classes désignées par les deux noms : *a toy car* est une voiture qui a comme propriété distinctive d'être en même temps un jouet.

<u>Localisation</u> : Un terme qui permet de situer un autre par rapport à un lieu ou un moment (au sens large) fonctionne également comme un adjectif descriptif. On trouve donc, avec deux accents mélodiques, des groupes nominaux comme les suivants :

– localisation dans l'espace : *a 'London 'pub, the 'kitchen 'sink, a 'country 'road* ;

– localisation dans le temps : *the 'Sunday 'paper, 'April 'rains, 'autumn 'leaves* ;

– localisation par rapport à un groupe social : *the 'class 'picnic, the 'team 'captain, a 'family 'joke* ;

– localisation relative à l'intérieur d'un ensemble : *the 'top 'shelf, the 'front 'door, my 'middle 'finger, the 'back 'seat.*

C'est dans cette dernière catégorie qu'on peut classer les termes *'head'mistress* et *'head'master* : par rapport aux autres maîtres, il s'agit de celui ou de celle qui se situe à la tête de l'établissement.

3.2. Relations « statiques » ou « dynamiques »

Ces relations d'identification et de localisation, qu'on peut considérer comme « statiques », s'opposent aux relations préconstruites entre les termes d'un nom composé, plutôt « dynamiques » : expression de but, de destination, description d'une activité. Dans ces dernières, la saisie en bloc est marquée par un seul accent fort, avec désaccentuation de ce qui est lié au reste d'une manière que l'interlocuteur est censé pouvoir reconstruire, grâce aux repères socio-culturels qu'il partage avec l'énonciateur.

Lors de la sensibilisation à ces schémas, des comparaisons peuvent s'avérer utiles, car un même terme peut entrer dans les deux types de relation. Autrement dit, ce n'est pas le mot placé en position d'épithète qui dicte le schéma accentuel, mais la manière dont il qualifie le nom placé en tête. Par exemple, le mot *toy* peut qualifier le nom d'un objet qui existe par ailleurs « en vrai », pour préciser qu'il s'agit d'une version miniature destinée aux enfants : *'toy 'car, 'toy 'train, 'toy 'oven, 'toy 'telephone...* Dans ce cas, les deux termes reçoivent un accent mélodique, car la relation est statique (le téléphone en question EST un jouet). Mais le même mot peut figurer en première position d'un composé construit sur une relation prédicative (dynamique) : *'toy ,shop* (*shop that* SELLS *toys*), *'toy ,factory* (*factory that* PRODUCES *toys*), de sorte qu'on pourrait même imaginer : *a 'toy 'toy ,shop* (un magasin de jouets miniature).

Il faudrait également distinguer entre, d'un côté, *'Christmas ,card* et *'Christmas ,present*, qui reçoivent un accent mélodique uniquement sur le premier terme, qui nomme la destination, la raison d'être du référent, et, de l'autre, *'Christmas 'holidays, 'Christmas 'traffic*, avec deux accents mélodiques puisque la qualification par *Christmas* sert ici à identifier la période de l'année (localisation temporelle).

C'est la distinction entre relation « dynamique » et « statique » qui explique l'opposition souvent mise en avant dans les manuels entre *'French ,teacher* (professeur de français) et *'French 'teacher* (enseignant d'origine française). Le premier est construit sur la relation prédicative <( ) teach French> (comme *window cleaner, stamp collector*), le second associe l'adjectif *French* au substantif *teacher*, lequel pourrait permuter avec d'autres noms, agentifs ou non : *French butcher / dentist / restaurant...*

A un niveau relativement avancé, il peut être intéressant d'étendre cette distinction à celle entre gérondif et participe. Si *'swimming ,pool, 'rocking ,chair, 'sewing ma,chine* s'accentuent comme les composés (objet destiné à un certain emploi), ce n'est pas le cas de *'barking 'dogs, 'crawling 'insects, 'shooting 'star*, où on prédique une propriété caractéristique du référent (un chien qui aboie, une étoile filante..). La distinction n'est pas toujours claire pour les élèves puisque la glose « un X qui fait l'action décrite » convient parfois aux composés : *the chair rocks, the machine sews*. La différence entre le participe et le gérondif anglais est un problème de grammaire (et de traduction) difficile à maîtriser pour les étudiants, qui va bien au-delà de la qualification du nom. Une première étape, faisant entrer en jeu le rôle de l'accent en discours, pourrait partir d'oppositions comme celles mentionnées ici, pour déboucher sur une réflexion plus générale : la propriété prédiquée est-elle provisoire (*'boiling 'water*) ou permanente - (*'rocking ˌchair*) ; s'agit-il d'une action (*'crawling 'insects*) ou d'une activité (*'bowling ˌalley*)… ?

Le groupe nominal, avec le processus de composition si caractéristique de l'anglais, nous a donné l'occasion d'étudier le phénomène de « désaccentuation » : un nom (ou autre élément lexical) placé en fin de syntagme ne reçoit pas d'accent mélodique s'il entre dans une relation préconstruite avec ce qui précède. L'on comprend mieux désormais pourquoi l'accent dit « contrastif » ressemble à celui d'un composé :

'What colour is their house?' 'They live in a `green ˌhouse.'

Dans ce contexte, il ne s'agit vraisemblablement pas d'une serre, bien que le schéma accentuel soit le même. Dans la question, une relation est construite entre *their house* et la notion /COLOUR/. La précision *green* apporte l'élément manquant, l'élément sélectionné parmi l'ensemble des possibles. Par conséquent, c'est l'adjectif qui reçoit l'accent nucléaire, alors que les termes repris ne portent pas d'accent mélodique.

Conclusion du premier chapitre : le rôle des accents mélodiques en discours

L'accentuation est un phénomène phonétique complexe qui fait ressortir certaines syllabes par rapport à d'autres dans la chaîne sonore. Cette saillance relative est parfois difficile à reconnaître et encore plus difficile à réaliser, car divers facteurs entrent en jeu : la durée, le timbre vocalique, l'intensité, la hauteur relative de la voix. Pour décrire ces phénomènes, nous avons emprunté des termes à la musique : « battement rythmique », « accent mélodique », « chute intonative » ou « accent nucléaire ».

La manière dont les différents éléments s'insèrent dans le rythme et la mélodie d'un énoncé est en rapport étroit avec la construction du sens. Les syllabes qui portent un accent mélodique appartiennent aux termes (mots ou groupes de mots) qui font l'objet d'une sélection notionnelle de la part de l'énonciateur, indiquant de quoi il veut parler. Lors d'une première mention, ces termes coïncident généralement avec les « mots à sémantisme plein », mais ce n'est pas toujours le cas, car en discours l'énonciateur n'est pas toujours libre de choisir.

L'absence de sélection, à laquelle correspond l'absence d'accent mélodique, intervient lorsque :

– la sélection a déjà été faite et n'est donc plus à faire (reprise en discours) ;
– un élément final renvoie à une localisation ancrée dans la situation d'énonciation, qui ne dépend pas du choix de l'énonciateur (par exemple, les adverbiaux temporels) ;

– un terme est lié à un autre par une relation primitive qui existe indépendamment de l'énoncé (c'est ainsi, on ne choisit pas : *the `sun's ,shining ; a `tennis ,racket...*).

Le placement des accents fait donc partie de la construction des valeurs. Il ne s'agit pas d'un ajout, à travailler si on a le temps. Il est impossible de s'exprimer à l'oral sans intégrer cette dimension.

Chapitre 2

Jeux entre temps forts et temps faibles
Le rythme et ses incidences

Pour dissiper certains malentendus concernant la distribution des accents dans la phrase, il était important de montrer leur fonction signifiante. Il est également essentiel d'en saisir les aspects « mécaniques », et notamment la complémentarité entre syllabes accentuées et syllabes inaccentuées. La réduction vocalique, conséquence directe du système accentuel de l'anglais, fait partie intégrante de la grammaire orale. Généralement considérée comme un obstacle à la compréhension (« ils avalent les syllabes »), elle contribue en fait, comme sa mère l'accentuation, à la construction des relations.

L'accentuation des composés nous amène à celle des mots longs, généralement morphologiquement complexes. Nous commencerons par rappeler les principales tendances en matière d'accentuation lexicale, pour dégager ensuite des analogies entre mot et syntagme, avant de revenir à l'énoncé pour montrer que le rythme – jeux entre temps forts et temps faibles, avec ou sans réduction vocalique – est indissociable de la syntaxe et du sens.

I. Accent de mot

Des livres entiers sont consacrés à ce sujet[10], dont l'utilité pour les étudiants et candidats aux concours de recrutement n'est plus à démontrer. Nous ne reprenons ici que les grandes lignes, les quelques tendances très générales que peuvent découvrir les élèves eux-mêmes progressivement, au fur et à mesure que leur vocabulaire s'élargit. Menée parallèlement à l'acquisition du lexique et de principes morphologiques, une réflexion guidée sur les schémas accentuels des mots de plusieurs syllabes permet de soulager la mémoire et de faciliter l'auto-correction.

---

10. Voir, notamment, L. GUIERRE, 1984, *Drills in English Stress Patterns*. Paris : Armand Colin-Longman ; J.-L. DUCHET, 1991, *Code de l'anglais oral*. Paris : Ophrys ; M. GINESY, 2000, *Phonétique et phonologie de l'anglais*. Paris : Ellipses.

Dès qu'un mot contient deux syllabes ou plus, il y en a obligatoirement une qui ressort par rapport à la ou les autres. Hors contexte, c'est-à-dire lorsque le mot est prononcé seul, cette saillance relative se manifeste essentiellement sous la forme d'un « battement rythmique » : la voyelle accentuée est nettement plus longue, et plus claire, que la ou les autres.

Du point de vue morphologique, ce battement rythmique affecte le plus souvent le radical, à l'exclusion des affixes (préfixes ou suffixes). On peut, sans trop forcer le trait, considérer ce radical comme le noyau sémantique du mot, les affixes étant, à leur manière, des marqueurs grammaticaux. On retrouve ainsi, comme principe de base gouvernant la place de l'accent, la sélection notionnelle. Par exemple, le mot *careful* est composé d'une base accentuée *care* à laquelle s'ajoute le suffixe inaccentuée –FUL : 'careful ['keəfəl]. On retrouve le même suffixe –FUL dans 'wonderful, avec une base de deux syllabes dont la seconde –ER, si elle ne constitue pas toujours un morphème distinguable (*wond* n'est pas un mot en anglais contemporain), figure à la fin d'un grand nombre de mots appris très tôt et ne porte jamais d'accent (*father, mother, sister, brother, summer, winter, teacher, writer, singer, September, October, November....*)

A partir de n'importe quel texte, dès la sixième, on peut inviter les élèves à repérer les syllabes saillantes et à classer les mots a) selon le nombre de syllabes et b) selon le schéma accentuel. Les régularités observées, et formulées par les élèves, seront autant de règles de conduite intégrées, plutôt qu'imposées de l'extérieur.

1. Mots de deux syllabes

Le mini-système fourni par les mots de deux syllabes est riche d'enseignements. Comme il n'y a que deux syllabes, et qu'une des deux est obligatoirement plus saillante que l'autre, on a le choix entre deux schémas : longue / brève ou brève / longue. En général, les régularités sautent aux yeux, à partir de listes comme les suivantes :

Longue / brève (–ᴗ)				Brève / longue (ᴗ–)		
baby	father	apple	curtain	away	between	appear
puppy	mother	little	mountain	again	before	arrive
Billy	sister	uncle	garden	about	believe	explore
many	brother	table	sudden	asleep	begin	forget
happy	butter	practise	England	agree	behind	repeat
funny	teacher	lettuce	Scotland	alone	because	surprise
pretty	singer	village	Ireland			

Les regroupements seront proposés par les élèves, qui doivent expliciter les critères retenus : dans les colonnes de gauche, ce sont les terminaisons qui se ressemblent, dans celles de droite, les débuts de mots. Seule la toute dernière colonne demande un peu de guidage, sans doute dans un deuxième temps, après une récolte d'exemples plus fournie : *surprise, surround, survive* ; *repeat, remain, return* ; *explore, exist, expand* ; *contain, confuse, convince*. On peut aussi raisonner à partir du français : *arriver, dériver* ; *apparaître, disparaître* ; *explorer, déplorer, implorer*... : ancien préfixe et radical se reconnaissent dans les différentes séries, même si l'on ne peut plus les faire fonctionner indépendamment.

La règle qui se dégage de ces jeux est simple : en anglais, un mot de deux syllabes s'accentue sur la première, sauf si celle-ci fonctionne comme un préfixe. Dès lors, on comprend pourquoi *before* et *after* ne s'accentuent pas de la même manière, et on peut prévoir, sans les avoir entendus, l'accentuation de *carrot, money, under, awake*...

2. Mots de trois syllabes et plus

Les mots longs sont suffisamment peu nombreux en sixième pour qu'on évite d'encombrer la mémoire de règles d'accentuation. Toutefois, la constitution de familles de mots peut, ici aussi, faciliter l'acquisition. Ainsi, les noms des quatre derniers mois de l'année ont-ils une accentuation caractéristique (ᴗ-ᴗ) qui se retrouve dans quelques dizaines de mots usuels : *Sep'tember, Oc'tober, No'vember, De'cember, re'member, po'tato, um'brella, e'leven*..., mais qui ne représente pas la règle générale. On les contrastera alors avec *'family, 'character, 'orchestra, 'calendar, 'adjective, 'industry*..., qui se comportent comme l'écrasante majorité des mots longs (...-ᴗᴗ).

2.1. Accent final

A un stade plus avancé, on peut faire remarquer que le calcul se fait à partir de la fin du mot. L'accent final est rare en anglais, sauf dans le cas de préfixés (*to pre'sent / to ˌrepre'sent ; de'mand / ˌrepri'mand*...) ou de certains suffixes empruntés au français : *set'tee, ˌemploy'ee ; gro'tesque, ˌpictu'resque ; pa'rade, ˌmasca'rade ; cas'sette, ˌsuffra'gette*... C'est ce qui explique l'étrangeté du schéma iambique (ᴗ-) de *Ja'pan, ce'ment, e'vent*, que les étrangers ont systématiquement envie d'accentuer « à l'anglaise », c'est-à-dire, sur la première syllabe. Cette erreur fréquente peut donc être considérée comme un signe que le système autochtone est en voie d'assimilation.

2.2. Accent sur la pénultième

Les cas d'accentuation de la pénultième (avant-dernière) syllabe sont aussi limités à un petit nombre de « sous-classes » :
- verbes préfixés dont le radical comporte deux syllabes : *de'liver, con'sider, ex'hibit, in'terpret*. Les verbes qui se terminent par –ISH (<Fr. –ir) appartiennent à ce groupe : *a'bolish, de'molish, di'minish, ac'complish*
- adjectifs en –IC : *ath'letic, ˌauto'matic, e'lectric*[11] ;

---

11. Un examen rapide de la liste d'« exceptions » qu'on fait apprendre par cœur aux étudiants révèle que ce ne sont pas des adjectifs, mais des noms : *Arabic, arithmetic, arsenic, Catholic, heretic, lunatic, politics, rhetoric*.

– mots d'origine exotique à voyelle finale[12] : *ba'nana, mo'squito, py'jama...*
– mots contenant une consonne double, ou parfois deux consonnes différentes, entre les deux dernières syllabes : *va'nilla, to'bacco, di'saster*

2.3. Accent sur l'antépénultième (schéma –⌣⌣)

En dehors de ces quelques cas spécifiques, le schéma rythmique qui prédomine dans les mots longs est longue / brève / brève (..–⌣⌣) : dès que le nombre de syllabes le permet, on accentue l'antépénultième. Les déplacements d'accents qu'on observe dans certaines séries de mots apparentés s'expliquent par cette propriété essentielle du rythme : *'origin / o'riginal / o‚rigin'ality* ; *'family / fa'miliar / fa‚mili'arity* ; *'photograph / pho'tography* ; *bi'ology / ‚bio'logical*....

Des milliers de mots respectent ce schéma de base. Comme l'illustre l'exemple de *'Harley 'Davidson* cité dans l'introduction, son non-respect peut induire l'interlocuteur en erreur, car l'accent de mot a une fonction démarcative très utile pour le découpage de la chaîne sonore en unités de sens. Le nom *Davidson* n'a pas été reconnu parce que l'accentuation utilisée invitait à segmenter entre [deɪ] et [vɪd], aboutissant à un « mot » de deux syllabes inconnu (['vɪtsən]), accentué –⌣ (schéma habituel pour un mot de deux syllabes). De même, si un terme comme *adversity* était prononcé ['æ'vɜː'sɪ ti], on pourrait méprendre la fin du mot pour un mot distinct, « *city* », et être de nouveau dans l'impossibilité de comprendre.

Ce sont presque des exercices de chant qu'il faudrait introduire pour que le schéma dactylique prédominant entre dans les oreilles – et par là dans le cerveau – des apprenants. Des erreurs (attestées) telles que ['amərɑka] ou ['akɔm'paniz], bien qu'elles n'entravent pas nécessairement la compréhension entre francophones, risquent de troubler sérieusement l'interlocuteur anglophone. En classe, sans doute n'y a-t-il pas lieu d'interrompre l'élève qui s'exprime, ni même de le prendre à parti après son intervention, mais il peut être utile, dans une autre phase du cours, de signaler la gravité des erreurs de ce type et de faire procéder à la récitation de mots ayant le même schéma (⌣–⌣⌣) *A'merica, ac'companies, re'publican, par'ticular, in'toxicate, hu'manity, ca'tastrophe, bi'ology*...

2.4. La « règle de lion »

Les livres spécialisés et les manuels signalent que les terminaisons *–ion, –ious, –ian, –ial...* appellent un accent principal sur la syllabe qui les précède immédiatement. En fait, on peut intégrer cette règle, d'une très grande productivité, à la précédente, en faisant observer que les deux voyelles qui se succèdent dans la terminaison « comptent » pour deux syllabes : *attention* = AT TEN TI ON, *comedian* = CO ME DI AN, *delicious* = DE LI CI OUS....[13] Encore une fois, l'obser-

---

12. Pour plus de détails, voir la rubrique 'Italian words' dans L. Guierre, *Drills in English Stress Patterns*, new edition (1984), § 4.3., p. 74-76.
13. La réduction de /i/ à /j/ et l'assimilation phonétique /s/ + /j/ → /ʃ/ qui se produisent dans beaucoup de ces mots est un processus quasi-automatique dont on n'a sans doute pas besoin de parler aux élèves.

vation de familles de mots (se terminant de la même manière) donne souvent une meilleure appréhension des régularités que l'apprentissage par cœur d'une règle abstraite.

Règle de « lion » : accentuation de la syllabe qui précède une finale de la forme $-V_1V_2(C)$

at'tention	de'licious[14]	Can'adian	e'ventual	cour'ageous
con'dition	sus'picious	pe'culiar	con'tinual	spon'taneous
ex'ception	my'sterious	su'perior	ˌindi'vidual	ˌadvan'tageous
di'vision	'furious	ma'terial	ˌintel'lectual	li'noleum
ˌedu'cation	ˌconsci'entious	con'venient	am'biguous	'cereal

Quel que soit le nombre de syllabes qui précèdent la terminaison, l'accent principal tombe toujours sur celle qui la précède immédiatement. Puisque ces terminaisons, tout comme –IC, conditionnent la place de l'accent principal, on les appelle parfois « fortes ». Lorsqu'elles sont suffixées à d'autres formes, elles ont la « force » de déplacer l'accent du radical s'il n'est pas sur la finale : *ex'cept/ex'ception, per'mit/per'mission* (l'accent reste à sa place), mais *'educate/ˌedu'cation* ; *'Canada/Ca'nadian* ; *'music/mu'sician* ; *'Italy/I'talian*....

En réalité, il n'est pas nécessaire d'apprendre la liste des terminaisons fortes si l'on a compris les principes de base autour desquels s'organise le système. Certes, lorsqu'on passe de *'melody* à *me'lodious*, ou de *o'riginal* à *oˌrigi'nality*, l'accent principal change de place sous l'influence de la terminaison. Mais dans tous les cas, il affecte l'antépénultième syllabe, dans la base comme dans le dérivé. De même, il n'y a pas besoin de considérer à part les mots se terminant par –ATE : *'educate, 'demonstrate, ma'nipulate, pre'cipitate* ; *'delicate, 'intimate, le'gitimate*[15]... L'accent est toujours sur l'antépénultième, comme dans *'substitute, 'exercise, 'modify, 'advertise*...

3. Suffixes neutres / préfixes séparables

3.1. Suffixes

Parallèlement à cette initiation aux schémas de base, il est important de faire valoir que les suffixes « faibles », ou « neutres », s'ajoutent à des bases existantes sans influencer l'accentuation.

---

14. Le digraphe vocalique <ou> fonctionne toujours comme une seule unité, ici réduite à [ə].
15. C'est au niveau de la prononciation de la voyelle dans la terminaison qu'on distingue les verbes des adjectifs, pas pour la place de l'accent principal (*to 'estimate* [eɪt] / *an 'estimate* [ɪt] ; *to e'laborate* [eɪt] / *an e'laborate* [ɪt] *ornament*.).

o'riginal	+ ly	→	o'riginally			
re'sent	+ ful	→	re'sentful	+ ly	→	re'sentfully
	+ ment	→	re'sentment			
'colour	+ ful	→	'colourful			
'govern	+ ment	→	'government			
'comfort	+ able	→	'comfortable	+ ly	→	'comfortably
com'pute	+ er	→	com'puter	+ ize	→	com'puterize
'follow	+ er	→	'follower			

Comme il n'est pas rare que les affixes s'accumulent autour d'une même base, un travail alliant analyse morphologique et exercices sur l'accentuation devrait permettre d'éviter certaines difficultés. En lecture, en particulier, on rencontre, même chez des étudiants avancés, des déformations qui rendent l'interprétation quasi-impossible : [ənˈendərˈeɪbli] au lieu de [ˈʌnənˈdjʊrəbli], mot qui est pourtant facilement analysable en :

en'dure (pseudo-préfixé) + able + ly (suffixes neutres) + un (préfixe privatif à accent fort)

3.2. Préfixes

Nous avons fait allusion, notamment à propos des mots de deux syllabes, de ce que L. Guierre appelle les « pseudo-préfixés », analysables en deux morphèmes, même si la base ne fonctionne pas en anglais contemporain comme un mot indépendant : ad'mit (per'mit / ad'mire), con'tain (re'tain / con'vince)... Dans des verbes de ce type, c'est presque toujours la base qui reçoit un accent, au détriment du préfixe. On apprend souvent que s'il y a un nom correspondant, l'accent a tendance à se reporter sur la première syllabe, créant des paires comme : to re'cord / a 'record ; to con'duct / 'good 'conduct ; to ob'ject / an 'object ; to pre'sent / a 'present. Les spécialistes savent que ces alternances accentuelles ne constituent pas la règle générale. Comme notre but est de faire observer les régularités les plus productives en vue d'une plus grande autonomie de l'élève, nous n'insistons pas sur ce point.

Il existe aussi de « vrais » préfixes, qu'on ajoute, comme les suffixes rappelés ci-dessus, à des mots à part entière : re + make, un + tie.... Contrairement aux précédents, ces préfixes-là ont une signification et correspondent à un choix indépendant ; ils sont donc accentués.

Dans ce rappel rapide des principes qui régissent l'accentuation des mots de plusieurs syllabes[16], nous ne prétendons pas avoir traité l'ensemble de la question. Au contraire, nous visons l'économie : il n'est pas nécessaire, ni même souhaitable, de donner aux élèves des règles à apprendre et à appliquer. Par contre, favoriser une réflexion à partir de cas concrets, lorsque le besoin s'en fait sentir, contribue à consolider la grammaire orale.

---

16. Et qui sont résumés à la page suivante, sous forme de fiche.

La prosodie

Fiche n° 1
English Word Stress

Primary stress :

Two-syllable words are normally stressed on the first /10/ (*cousin, village, hamster...*)

Main classes of exceptions /01/ :

- Words beginning with a Latin or Germanic prefix (*remind, decide, divorce, expect...* ; *about, behind, forget...*)
- Verbs ending in –ATE (*create, locate, translate...*)

To calculate the main stress of longer words, you must first remove any "weak" suffixes, and then count from the end.

The principal weak suffixes, added to words without modifying the stress of the stem, are : –ED, –ING, –ER, –OR, –IST, –LY, –FUL, –ABLE, –LESS, –MENT, –NESS

Words of three or more syllables are normally stressed on the antepenultimate /..100/
(*family, orchestra, republican, capacity, chemistry, photography...*)

Main classes of exceptions :

- Words ending in –IC /.010/ (*eccentric, symbolic, catastrophic*) (a few words, which are not derived adjectives, are stressed according to the "normal" rule /.100/ : *Arabic, arithmetic, arsenic, Catholic, heretic, lunatic, politics, rhetoric*)
- Verbs ending in –ISH /010/ (*demolish, diminish, extinguish*)
- Words ending in –ION, or more generally in vowel-vowel-consonant, have their main stress on the syllable immediately preceding the ending : (*education, Canadian, delicious, courageous, continual...*)

Secondary stress :

Whenever two or more syllables precede the main stress, there must be a secondary stress, because the rhythm of English requires that no word can begin with two unstressed syllables

When **only** two syllables precede the main stress, the secondary stress falls on the first : ˌmathe'matics /2010/ ; ˌedu'cation /2010/ ; ˌperspi'cacity /20100/

When more than two syllables precede the main stress, consult the nearest deriving form. The main stress of the deriving form becomes the secondary stress of the derived form. :

'character /100/ → ˌcharacte'ristic /20010/ ;

con'taminate /0100/ → conˌtamin'ation /02010/

37

La grammaire orale de l'anglais

Certains mots courants, qui n'entrent pas dans les schémas réguliers esquissés plus haut, se prêtent au même type d'activité : constitution de listes, observation des points communs, formulation d'une « règle ». Par exemple, on entend souvent de la part des apprenants le mot '*necessary* prononcé avec un accent tonique sur la deuxième syllabe, qui se trouve être l'antépénultième : ceci est donc une « bonne » erreur, car elle correspond au cas général. En présence de cette erreur, on pourrait faire chercher dans un dictionnaire les mots '*secretary,* '*temporary,* '*ordinary,* '*military* et en tirer une généralisation. Ultérieurement, '*ceremony,* '*territory,* '*cemetery* pourraient s'ajouter à la liste pour montrer que c'est le <y> final qui semble interférer avec l'application de la règle générale.

Cette approche inductive, alliée à un travail systématique sur le rythme de l'anglais, a sans doute plus de chances d'avoir des conséquences positives sur la production des apprenants que l'apprentissage de listes de terminaisons fortes ou faibles, même à des stades avancés.

II. La réduction vocalique

1. Syllabes inaccentuées du mot

Parallèlement à la mise en place du système accentuel, il est indispensable d'observer et de comprendre ce qui se passe en l'absence d'accent. La saillance d'une syllabe accentuée n'a de réalité que par rapport aux inaccentuées voisines. Parmi les facteurs physiques qui contribuent à cette saillance relative, la durée joue un rôle important. C'est pourquoi nous comparons les schémas accentuels des mots aux pieds de la poésie gréco-latine : trochée (−⌣ : '*father,* '*captain*), iambe (⌣− : *to'day, for'get*), dactyle (−⌣⌣ : '*camera,* '*accident*). Dans beaucoup de cas, les « brèves » sont dites si rapidement que leur voyelle est complètement neutralisée, ne maintenant comme trait distinctif que la vocalisation elle-même. C'est cette voyelle réduite au strict minimum qu'on appelle « schwa » [ə], son qu'on produit quand on laisse vibrer les cordes vocales librement en ouvrant légèrement la bouche sans aucune tension musculaire des lèvres ou de la langue.

Comme il ne faut rien faire pour produire ce son, il n'est pas utile d'en faire travailler consciemment la production. Elle s'acquiert tout naturellement lors de l'apprentissage de mots élémentaires comme : *to'day* [tə'deɪ], *a'sleep* [ə'sliːp], '*summer* ['sʌmə], '*lemon* ['lemən], C'est au moment du passage à l'écrit qu'il convient de faire remarquer que le schwa, qui correspond systématiquement à une voyelle inaccentuée, peut avoir toutes sortes de contreparties graphiques, autrement dit qu'une voyelle inaccentuée perd toute identité propre.

Cette observation est particulièrement féconde à partir des mots de deux syllabes accentués sur la première et peut être sollicitée à l'occasion d'exercices divers en liaison avec la vérification du lexique (cf. Activités de découverte II A, B). Il ne faut surtout pas se laisser tromper par l'apparente « lourdeur » de certaines formes orthographiques ; lorsque la seconde syllabe est inaccentuée, selon la règle générale illustrée dans la section précédente, la voyelle est le plus souvent réduite. On a donc *curtain* ['kɜːt(ə)n], *foreign* ['fɒrən], *famous* ['feɪməs] malgré la voyelle orthographique complexe de la seconde syllabe ; *August* ['ɔːgəst], *pre-*

sent ['prez(ə)nt], *perfect* ['perfəkt] malgré les deux consonnes finales ; *practice* ['præktɪs], *village* ['vɪlɪdʒ], *private* ['praɪvət] malgré le <e> muet final.

L'interférence de l'orthographe est également néfaste lorsqu'une syllabe inaccentuée comporte un <r> à l'écrit. Vu la fréquence en début d'apprentissage de la terminaison –ER (toujours inaccentuée), on peut se servir de modèles connus *(mother, father, sister, brother, summer, winter, after...)* pour attirer l'attention sur la non-réalisation du <r>, qui s'applique de manière analogue à : *actor* ['ktə], *western* ['westən], *forget* [fə'get], *surprise* [sə'praɪz].

La même mise en garde vaut pour la plupart des suffixes neutres (*weak endings*), qui ressemblent à des mots pleins, mais, étant inaccentués, n'ont pas la même prononciation : –FUL ≠ *full*, –ABLE ≠ *able*, –LESS ≠ *less*, –MENT ≠ *went*. La réduction en série, très courante en anglais, n'étant pas facile à réaliser pour un francophone, un peu de gymnastique morpho-phonologique est parfois nécessaire :

'comfortable	[kʌm]	['kʌmfət]	['kʌmf(ə)təbɫ]
'wonderful	[wʌn]	['wʌndə]	['wʌndəfəl]
'effortless	[ef]	['efət]	['efətləs]
'afterwards	[ɑːft]	['ɑːftə]	['ɑːftəwədz]

Une prise de conscience suffisamment précoce du phénomène de la réduction vocalique et de son rôle dans le rythme de l'anglais devrait permettre, dans un premier temps, de prévenir un certain nombre d'erreurs de production courantes et ultérieurement (ou peut-être simultanément) de comprendre le fonctionnement des « formes faibles » des marqueurs grammaticaux.

2. Le rythme de la phrase

Ce qui est vrai pour le mot l'est également dans une grande mesure pour les groupes de mots, ou syntagmes, avec toutefois moins de contraintes : alors que le schéma accentuel du mot est figé, nous avons vu que celui de la phrase dépend de l'intention de signifier de l'énonciateur. Néanmoins, une fois la place des accents (battements rythmiques) déterminée, l'effet de la non-accentuation sur certains mots outils est, comme à l'intérieur d'un mot long, la neutralisation de leur voyelle.

2.1. Les marqueurs qui se réduisent

Dans les cas simples, un syntagme est composé d'une « tête », par exemple un nom ou un verbe lexical, précédée de déterminants – articles pour le nom, auxiliaires pour le verbe. Dans le groupe verbal, on trouve très souvent un pronom personnel sujet et parfois un pronom personnel objet : *we've done it* ; *she can help us*. Un groupe nominal peut être introduit par une préposition : *at the butcher's*, *for a week*. Ces éléments dépendants s'agglutinent phonétiquement à la tête du syntagme : le cœur sémantique (nom ou verbe, en l'occurrence) reçoit un battement rythmique, alors qu'on passe tellement vite sur les autres syllabes que leur voyelle a tendance à disparaître ou à perdre son identité propre : [wɪvˈdʌnɪt], [ʃikənˈhelpəs], [ətðəˈbutʃəz], [frəˈwiːk]. Il s'agit bien entendu des « formes faibles » des mots grammaticaux, que nous allons tenter de placer dans une nouvelle perspective.

On peut comparer la réduction vocalique en anglais à l'effacement de certains sons en français : les phénomènes phonétiques sont différents dans les deux langues, mais la motivation des simplifications est semblable. En français comme en anglais, ce sont des formes grammaticales qu'on simplifie à l'oral : [ifo] pour *il faut* (disparition du /l/ de *il*), [ja] pour *il y a* (un seul phonème [j] à la place de trois [ili]), [ʃkrwɑ] pour *je (le) crois* (suppression du « e muet » de *je*, et dévoisement de /ʒ/ au contact de la sourde /k/).

> Il y a en réalité un petit nombre de marqueurs qu'on peut ainsi amalgamer à un terme accentué, pour des raisons exactement inverses de celles qui sont responsables de l'accentuation. Si l'accent est le signe d'un choix notionnel, l'absence (complète) d'accent résulte de l'absence de choix.

Outre une poignée d'anaphoriques qui, par définition, ne relèvent pas d'un choix notionnel (*her, him, them, us*), les mots qui peuvent perdre une partie de leur substance phonique en anglais (neutralisation ou disparition de leur voyelle) sont ceux qui correspondent aux opérations de mise en relation les plus élémentaires :

- déterminants du nom : *a, an, the, some* ;
- auxiliaires aspectuels et modaux : BE, HAVE, DO, MUST, CAN, WILL, SHALL[17] ;
- prépositions : *of, for, at, to, from* ;
- conjonctions de coordination : *and, but, or* ; de subordination : *as, that, than* ;
- le terme *there* dans le « prédicat d'existence ».

Il ne s'agit donc pas de tous les mots grammaticaux, mais uniquement de quelques-uns qui en soi n'ont qu'un sens purement relationnel. D'autres termes appartenant aux mêmes catégories grammaticales ont un contenu sémantique suffisant pour empêcher la réduction, même si, du point de vue du rythme, ils ne ressortent pas davantage. Par exemple, les prépositions *up, off, by*, les conjonctions *when, since, while*, gardent leur voyelle, car elles apportent une précision complémentaire quant à la nature de la relation.

Il importe de se rendre compte que la forme « réduite » est en fait, en ce qui concerne les termes énumérés ci-dessus, la forme non marquée énonciativement, celle qui apparaît lors d'une première mention, qui ne présuppose rien.

---

17. Pour des raisons essentiellement phonétiques, MAY et MIGHT n'ont pas de forme réduite.

2.2. Incidences en compréhension

Lorsqu'on accuse les anglophones d'« avaler » la moitié des syllabes, on leur fait un procès injustifié. Ils n'« avalent », par un souci d'économie qui est incorporé dans la langue, que ce qui peut être reconstitué facilement grâce à une connaissance des contraintes syntaxiques. Or, les problèmes de compréhension dûs à la réduction sont réels, et parmi les plus redoutables.

Pour mieux saisir la source des difficultés et réfléchir aux moyens de les combattre, considérons un exemple en français. La séquence [ɛmladɔne] est immédiatement interprétable par un francophone, qui, à partir de la base verbale [dɔn] reconstitue une suite bien formée composée d'un sujet (*elle*), d'un temps (passé composé), et des compléments posés avant et amalgamés à l'auxiliaire (*me, le/la*). S'il s'agit d'un énoncé inséré dans du discours, les référents correspondants aux pronoms sujet et complément d'objet direct sont forcément identifiables ; hors contexte, ces référents restent inconnus, mais la structure de la phrase n'en est pas moins limpide. Les « omissions » du /l/ final de « elle » et du /ə/ de « me » passent complètement inaperçues. Mais on pourrait fort bien imaginer qu'un apprenant du français, s'attendant à la séquence complète [ɛlmə] pour « elle me », méprenne [ɛm] pour un mot simple, par exemple « aime », ce qui l'empêcherait d'aller plus loin. Les éventuels « manques » qui pourraient gêner un apprenant sont automatiquement et inconsciemment restitués par l'autochtone.

En anglais, on sait que les occasions de telles méprises se multiplient, car la réduction vocalique, qui se produit à toutes sortes d'endroits de la chaîne et non seulement avant le verbe, est source d'ambiguités : [əv] représente HAVE ou OF, mais aussi l'article A suivi d'un mot commençant par /v/ ; [ə] correspond normalement à A, ARE, HER, ou à n'importe quel portion de mot inaccentuée ; [əd] peut être terminaison ou auxiliaire verbal. Pour choisir la bonne solution, il faut garder l'esprit ouvert et ne pas se fier à ses premières impressions. Plus que des exercices de discrimination entre formes pleines et réduites de certains mots outils, c'est toute une attitude d'écoute qu'il faut cultiver.

Comme le francophone qui ne s'aperçoit même pas qu'il manque le son /l/ à la fin de « elle », l'anglophone ne se demande jamais si [əv] représente « of » ou « have », puisque les deux n'apparaissent jamais dans le même contexte. De manière générale, un locuteur ne se permet d'éliminer des indices phonétiques que si l'interprétabilité de son énoncé est garantie. Pour que cette condition soit remplie, il faut que l'effort demandé à l'interlocuteur soit minimal, c'est-à-dire, que les contraintes grammaticales soient telles que l'on puisse « deviner », à partir d'indices squelettiques, ce qui entoure les éléments principaux.

Dans les contextes où figure une forme réduite, les possibilités de permutation avec d'autres termes sont soit inexistantes soit si limitées que des indices sonores minimes suffisent à les identifier. Par exemple, entre le nom d'un récipient et le nom d'une substance, on ne trouve guère que la préposition *of*, ce qui explique que, en discours normal, celle-ci se réduise très souvent à une voyelle à peine esquissée : [əˈkʌpəˈkɒfi] ; [əˈbægəpəˈteɪtəʊz]. Le schwa représente donc ici deux termes différents : l'article A en début de syntagme, la préposition OF au milieu. Cependant, personne ne risque de confondre le premier avec le second à partir du moment où sont reconnus les éléments lexicaux qui suivent chaque marqueur. Le premier nom (*cup, bag*) a un fonctionnement discret, ce sont des dénombrables au singulier qui nécessitent un déterminant. Le second substantif est dans chaque cas incompatible avec l'article indéfini : *coffee* est indénombrable, *potatoes* pluriel. Ce raisonnement est bien entendu inconscient, mais il peut être utile, dans certains cas de blocage, de le faire émerger afin d'assurer la reconstruction correcte.

L'exercice de dictée se prête à cette activité, même à un niveau avancé. La plupart du temps, les erreurs ou omissions ne concernent ni le lexique ni des défauts de perception, mais la méconnaissance ou l'« oubli » des contraintes grammaticales qui devraient aider à retrouver les formes réduites. Chez plusieurs étudiants, la question : « *Whereabouts in Spain* [əju] *going?*[18] » est transcrite : *Whereabouts in Spain *you're going*. Aucun d'entre eux n'ignore la règle d'inversion dans les questions, mais n'ayant pas entendu le schwa qui représente l'auxiliaire, ils ne l'ont pas reconstitué.

Les règles de grammaire enfreintes sont parfois plus subtiles : « *only essential personnel will be kept* » a été rendu par « *only *a central personnel...* ». La différence phonétique entre les deux séquences est minime ([ə'sentrəl] / [ɪ'sentʃəl]), la perception n'est pas en cause. Par ailleurs, le sens du passage est respecté. Ce qu'il fallait savoir pour éviter la faute était que le nom *personnel* est toujours indénombrable en anglais, donc l'article singulier est impossible.

Le mérite de la dictée est de permettre le retour en arrière et le décorticage du processus d'interprétation. Nous verrons dans la deuxième partie d'autres domaines où « l'arrêt sur image » sonore peut faciliter l'intégration de la grammaire orale.

2.3. *Importance en production*

Si le but de l'enseignement est la construction par l'apprenant d'un système de fonctionnement cohérent, sans doute y a-t-il lieu de faire valoir l'unité derrière le phénomène de la réduction. Il n'y a pas de formes faibles à apprendre à produire et à reconnaître individuellement ([əv]/[ɒv] ; [ðət]/[ðæt] ; [d]/[wəd]/[wʊd]...), mais un système accentuel en rapport étroit avec la syntaxe et la sémantique. En l'absence d'accent marquant une sélection notionnelle, les « relateurs » les plus courants peuvent perdre leur voyelle sous l'effet de la vitesse.

Dans quelques cas bien particuliers – essentiellement les auxiliaires accolés au pronom sujet – cette perte de substance phonique est consacrée par écrit : *I've, they're, he's, we've...* Après la voyelle inaccentuée du pronom, celle de l'auxiliaire disparaît totalement. Il convient de faire valoir que le remplacement de la voyelle par une apostrophe à l'écrit représente un phénomène oral beaucoup plus général, qui ne se limite pas à ces quelques termes. On pourrait, par exemple, établir un parallèle entre les deux occurrences suivantes de l'auxiliaire ARE, toutes deux réduites à un schwa, bien que les formes graphiques soient différentes :

'*What are they doing?*' '*They're making supper.*'

---

18. Extrait du film *Carrington*, utilisé lors d'un examen de licence.

La prosodie

De même, la différence entre les deux réalisations de l'auxiliaire HAVE ([əv] et [v]) dans la suite : *The Bakers have bought a new computer. They've had it for three days*, n'est pas aussi radicale que la forme écrite ne le laisserait supposer.

C'est le rythme de la langue, avec ses temps forts entre lesquels on « court vite » qu'il convient de travailler plutôt que la réalisation de chaque « forme faible ». Car, comme nous avons essayé de le démontrer, les formes faibles ne sont pas à proprement parler des « formes », mais la conséquence de la non accentuation, elle-même induite par l'absence de choix notionnel. Dès lors, il convient de manier avec précaution les oppositions binaires que présentent souvent les manuels : *for* se prononce [fə] ou [fɔː] ; *must* [məst] ou [mʌst], etc. En production, la non réduction d'une voyelle inaccentuée n'est pas une faute, alors que rien n'est plus grave que l'accentuation du schwa qu'on entend souvent lorsqu'on invite un élève à réaliser « correctement » une forme « faible » isolément.

Comme les marqueurs qui se réduisent sont attachés grammaticalement à un mot accentué, il faut apprendre à les concevoir et à les prononcer ainsi, en association avec une ou des syllabes accentuées. On peut s'exercer à produire le rythme de certains syntagmes comme s'il s'agissait de mots à plusieurs syllabes :

to'day (ᴗ –) =	at home	of course	for Tom	to town
a'way (ᴗ –) =	a ball	the house	her friend	some pears
'pigeon (– ᴗ) =	stop him ['stɒpɪm]		keep them ['kiːp ðəm]	
'jealous (– ᴗ) =	tell us ['teləs]		call her ['kɔːl (h)ə]	
'animal (– ᴗᴗ) =	wait for us ['weɪt f(ə)rəs]		look at her ['lʊkət (h)ə]	
	all of them ['ɔːləv ðəm]			
bi'ology (ᴗ – ᴗᴗ) =	he's nice to her [hɪz 'naɪs tə hə]			

Plus naturellement, le rythme se travaille dans les chansons et les poèmes. Il n'y a pas lieu d'attirer l'attention sur la prononciation des formes faibles, mais de montrer que si on veut respecter le rythme prévu par l'auteur, il faut s'arrêter un peu plus longuement sur les syllabes accentuées et passer plus vite, et très légèrement sur les autres. Si on n'a pas le temps de les prononcer distinctement, c'est normal, on passe à la suite. Souvent on doit faire prononcer uniquement les syllabes correspondant aux battements rythmiques. Lorsque le rythme est bien imprimé, on fait insérer les syllabes intermédiaires sans modifier l'espacement et la durée des autres. Par exemple, la suite : *he 'thought it was 'time to be'gin*[19] se dit d'abord plusieurs fois : THOUGHT TIME GIN ; puis on fait répéter THOUGHT it was TIME, et ensuite TIME to be GIN, avant d'assembler le tout. A aucun moment, on n'isole une des syllabes réduites, surtout pas *was*, que les élèves répugnent à réduire.

Or, le non respect du rythme peut, comme dans le cas des mots de plusieurs syllabes, entraver la communication : un *was* trop appuyé transforme une asser-

---

19. Extrait du poème *The Old Sailor* par A.A.Milne.

tion simple en prise de position polémique, car il semble renvoyer à une sélection opérée par l'énonciateur, et donc à une opposition (passé par opposition au présent, *was* plutôt que *wasn't*...). La réduction, ou du moins le racourcissement, des marqueurs grammaticaux en contexte « neutre », contribue à l'intelligibilité de l'énoncé pour l'anglophone, tandis que l'apprenant a souvent l'impression du contraire. Un travail systématique sur le rythme de la langue en début d'apprentissage – avant que le programme grammatical ne vienne déséquilibrer le temps qu'on peut consacrer à cet aspect indispensable – est sans doute le seul moyen d'acquérir les automatismes nécessaires.

III. La non réduction

Contrairement aux syllabes inaccentuées des polysyllabes, les marqueurs grammaticaux peuvent reprendre leurs droits de mots indépendants et donc se prononcer avec une voyelle pleine. Ceci se fait dans certaines conditions précises, qu'il est bon de connaître, même si les apprenants éprouvent moins de difficulté à prononcer une voyelle pleine qu'un schwa.

Les facteurs qui bloquent la réduction sont de nature sémantique et pragmatique ou essentiellement syntaxique[20].

1. Justifications sémantiques et pragmatiques

Comme nous l'avons vu au chapitre précédent, toute unité lexicale, y compris un marqueur grammatical, peut renvoyer à une notion faisant l'objet d'une sélection de la part de l'énonciateur, ce qui entraîne son accentuation. Un terme qui porte un accent ne se réduit jamais, par définition, puisque la réduction résulte de l'absence d'accent.

1.1. Contractions négatives

Les marqueurs de relation que sont les auxiliaires verbaux ont la particularité de pouvoir s'annexer une marque de négation, manifestée à l'écrit par N'T (adverbe NOT sans sa voyelle). La négation se situant toujours par rapport à la valeur positive, l'emploi d'une contraction négative reflète nécessairement le choix du pôle négatif de la relation prédicative, même s'il n'y a pas d'opposition explicite avec l'autre pôle. De ce fait, cette forme reçoit systématiquement un battement rythmique, et la voyelle centrale du mot ne peut se réduire. Au contraire, dans certaines de ces contractions, la voyelle de l'auxiliaire est transformée en voyelle longue ou en diphtongue : *can't* [kɑːnt] (≠ forme pleine de *can* [kæn]) ; *shan't* [ʃɑːnt] (≠ forme pleine de *shall* [ʃæl] ; *don't* [dəʊnt] (≠ forme pleine de *do* [duː]) ; *won't* [wəʊnt] (≠ forme pleine de *will* [wɪl]).

'Peter 'can't 'come to the `party.

I 'don't 'like `artichokes.

---

20. Pour l'article THE et la préposition TO, il y a aussi une justification purement phonétique : devant une voyelle, il est rare de trouver un schwa, la plupart des locuteurs utilisent une voyelle pleine pour assurer la liaison (voir : Partie II, chapitre 2, §6.1.)

Our 'friends 'haven't ar`rived yet.

Si la négation n'est pas portée directement par l'auxiliaire, alors celui-ci peut se réduire et c'est l'adverbe NOT qui reçoit un battement rythmique :

They're 'not 'going to 'town un'til `Thursday.

You must [məs] *'not 'tell `anyone.*

'That's 'not `funny.

He can [kən] *'never 'stay 'out `late.*

1.2. Accent contrastif

Comme les mots lexicaux, les mots grammaticaux peuvent représenter des notions qu'un énonciateur choisit d'opposer explicitement à d'autres de la même famille. Dans ce cas, ils retrouvent le sémantisme plein qui justifie l'accentuation :

'Some 'bulldogs are 'trained to `kill, but 'most are 'perfectly `harmless. (some ≠ most)

'Would you like butter or honey on your toast?' 'I'd like 'butter `and ˌhoney.' (and ≠ or)

When they say 'the London train', do they mean the train TO London or the train FROM London?

2. Justifications essentiellement syntaxiques

Dans la section précédente, nous avons décrit les cas où la non-réduction d'un terme grammatical résulte de son emploi comme « mot à sémantisme plein ». Nous regrouperons dans cette section les cas où un terme grammatical remplit une fonction syntaxique autre que de simple relateur, ou bien n'est pas suivi de l'élément qu'il relie au reste de l'énoncé.

2.1. Les multi-fonctionnels

Quelques termes de la langue anglaise sont susceptibles de changer de fonction syntaxique, avec un changement de prononciation correspondant, en particulier : THAT (déictique ou conjonction), THERE (« sujet » du prédicat d'existence ou adverbe de lieu) ; SOME (déterminant ou pronom).

2.1.1. THAT : Bien que certains linguistes soulignent la parenté entre les diverses valeurs de THAT, il vaut mieux, du point de vue didactique, considérer qu'il y a en réalité deux mots différents : un qui se prononce [ðət] et qui introduit une subordonnée relative ou complétive, et un autre qui s'oppose à THIS et se prononce toujours [ðæt], aussi bien en position de déterminant qu'en tant que pronom.

This is the house that [ðət] *Jack built / That* [ðæt] *house was built by Jack.*

He said that [ðət] *he was coming / Are you sure he said that* [ðæt]?

On peut presque regretter que les deux mots aient la même forme écrite, car la différence à l'oral est réellement significative. Pour y sensibiliser les élèves, des exercices de discrimination auditive peuvent être tentés, mais aussi sans doute une incitation au raisonnement : dans les complétives et relatives restrictives en anglais, il n'y a, dans beaucoup de cas, aucun marqueur introductif – c'est la réduction totale. Le marqueur qui alterne avec Ø est [ðət], également réduit dans cette fonction de simple charnière entre deux propositions : *I hope (that) no one was hurt ; where are the books (that) you wanted?*

Le démonstratif [ðæt] a une toute autre fonction : il sert à distinguer le référent, indiquant ainsi un choix opéré par l'énonciateur. Il s'ensuit qu'une phrase comme : *I think that man is in danger*, n'est ambiguë qu'en apparence (par écrit). Oralement, on choisit nécessairement entre : [aɪ θɪŋk ðət mæn] (l'homme en général) et [aɪ θɪŋk ðæt mæn] (cet homme-là).

2.1.2. THERE : Une différence analogue existe entre le THERE qu'on trouve dans le prédicat d'existence qui traduit « il y a », et l'adverbe de lieu, qui appartient, tout comme THAT, à la catégorie des déictiques (ou démonstratifs). Le premier n'est jamais accentué, le second l'est toujours. La réduction du THERE « présentatif » va, selon le débit, d'un léger raccourcissement de la voyelle [ðɛ] à sa neutralisation complète [ðə], de sorte qu'il est difficile à distinguer de l'article défini. C'est donc sur ce point, ainsi que sur les confusions possibles entre les trois [ðeə] (*there, their, they're*) qu'il faut porter l'attention, plutôt que sur la différence phonétique entre les deux THERE, rarement source d'ambiguïté, puisque l'accent et l'intonation permettent de les distinguer :

There's a plate on the shelf [ðəzə `pleɪt ɒn ðə ˌʃelf] (il y a une assiette sur l'étagère)

≠ [`deəzə ˌpleɪt / 'ɒn ðə `ʃelf] (voilà une assiette, là, sur l'étagère).

2.1.3. SOME :

Le problème de SOME est un peu plus complexe. Nous avons vu que ce terme peut recevoir un accent de contraste lorsqu'on veut opposer une notion de quantité modérée à une quantité supérieure ou inférieure : *I've got 'some ˌfruit, but not enough to make a salad.*

Il faut également distinguer entre déterminant (quantificateur suivi d'un substantif) et pronom (quantificateur non suivi d'un substantif), d'une part, et, à l'intérieur de l'emploi comme déterminant, entre quantification et qualification.

Utilisé comme déterminant, SOME ne se prononce [səm] que devant un substantif indénombrable ou dénombrable pluriel, en l'absence de toute idée de contraste. Il renvoie dans ces cas à une quantité totalement indéterminée :

Have some [səm] *sugar with your strawberries.*

We heard some [səm] *good ideas on that programme.*

Avec cette même valeur, SOME peut s'employer sans substantif à sa suite, auquel cas il n'est pas réduit :

In case you need a stamp, I've `got some [sʌm] (Ø = *stamps*)

Dans ce dernier cas, le principal problème pour les élèves en production est la prononciation d'une forme pleine sans accent mélodique en fin d'énoncé. Si l'on accentue ce *some*, on en modifie le sens, car on met en avant la notion de quantité : quelques-uns, mais peut-être pas assez. Ceci rejoint les emplois contrastifs du déterminant évoqués plus haut :

'Have you read Stephen King's books ?' 'I've read `some.' (= *but not all*).

Sans aller jusqu'à une opposition explicite avec une quantité différente, on utilise la forme pleine [sʌm], même lorsque le nom suit, chaque fois que l'indétermination quantitative n'est pas totale, par exemple pour signifier « une certaine quantité non-négligeable » : *We've been here for some* [sʌm] *time*.

Pour la même raison, devant un dénombrable singulier, où la quantité (une unité) est connue, et où l'indétermination porte sur l'identité exacte du référent, SOME a sa forme pleine :

She must have run into some [sʌm] *friend on her way home* (≠ *some* [səm] *friends*).

They mentioned some [sʌm] *plan to go abroad.* (un projet pas très précis)

La différence phonétique entre [səm] et [sʌm] étant assez ténue et l'absence de /z/ à la fin du substantif (ici *friends*) n'étant pas toujours repérée, c'est le rythme qui devrait guider aussi bien en production qu'en reconnaissance : dans ces énoncés, *some* ([sʌm]) a le même « poids » que le nom qui suit, alors que le déterminant « pur » est aussi léger et rapide que les articles A et THE.

2.2. Les groupes éclatés

Un relateur ne se réduit que s'il joue effectivement son rôle de liaison, c'est-à-dire, quand il est placé entre les membres de phrase qu'il relie[21]. Si la « tête » du syntagme ne suit pas le mot grammatical, la réduction est bloquée. Ceci concerne essentiellement les prépositions et les auxiliaires verbaux, ainsi que le quantifieur SOME, déjà traité, et les formes simples du verbe copule BE.

'Who are you waiting for [fɔː]*?'* – *'I'm waiting for* [fə] *Clarissa.'*

I wonder where the boys are [ɑː] *today*

≠ *Where are* [ə] *the boys?* / *I wonder what the boys are* [ə] *doing*

'Do you need some [səm] *money?'* – *'No thanks, I've got some* [sʌm]*'*

2.2.1. <u>Les prépositions.</u> on parle à leur propos du « rejet » en fin de proposition, alors qu'il serait plus exact de considérer que la préposition reste à sa place, mais se trouve « abandonnée » par son complément délocalisé. Ceci se passe typiquement dans les constructions suivantes :

– interrogations : *What are you staring at* [æt] (*so intensely*)?

  complément de *at* = *what*, placé au début

– relatives : *The people you were talking to* [tu] *look very friendly.*

  Complément de *to* = *people*

– passifs : *We are being called for* [fɔː] (*in a few minutes*).

---

21. Cette formulation est préférable à celle qu'on trouve dans les manuels (pas de réduction en fin de phrase), même si cette dernière a le mérite de la simplicité et couvre la plupart des cas vus en début d'apprentissage.

Notons que ces formes « pleines » obligatoires ne reçoivent pas d'accent mélodique dans les contextes choisis. Du point de vue du rythme et de la mélodie, les prépositions ont un « poids » bien moindre que les verbes qui les régissent. On peut à nouveau établir un parallèle avec les mots de plusieurs syllabes : dans *'democrat* ['deməkræt] la première syllabe est nettement plus saillante que la troisième, qui a pourtant une voyelle pleine. Un schéma similaire caractérise *'staring at* [`steərɪŋ æt] et *'talking to* [`tɔːkɪŋ tu] dans nos exemples. Aussi bien ce rythme que le découpage correct posent problème aux apprenants en production, en particulier dans les relatives enchâssées. Dans l'énoncé suivant, extrait du célèbre texte de Lewis Carroll, *The Two Clocks*, l'emploi par certains étudiants d'une forme faible de TO témoigne d'une mauvaise segmentation du texte écrit :

... *the other [clock] is evidently right as often as the time it points to comes round, which happens twice a day.* (relative restrictive avec TO en final, à ne pas confondre avec l'infinitif *to come*).

Cet exemple illustre une fois de plus que l'effort doit porter, non pas sur la production de « formes réduites », mais sur le rythme des syntagmes, en rapport avec leur sens.

2.2.2. <u>Les auxiliaires.</u> Lorsque le verbe principal ne suit pas l'auxiliaire, ce qui est le cas général dans les reprises d'un prédicat, la réduction est impossible, quel que soit le terme accentué. En production orale, les élèves ont tendance, non pas à réduire l'auxiliaire, mais à l'accentuer trop. A l'écrit, les débutants utilisent parfois une forme contractée si des précautions n'ont pas été prises.

Les reprises par auxiliaire sont enseignées très tôt, sous forme de « tag questions » (*She's nice, isn't she?*) ou de « réponses brèves » (*Are you coming? – Yes, I am / No, I'm not.*) Dans ces schémas, on se trouve systématiquement en présence d'un pronom personnel sujet et d'un auxiliaire qui « représente » le verbe de la prédication antérieure, accompagné ou non de l'adverbe de négation NOT. L'erreur la plus fréquente des élèves consiste à accentuer le dernier élément du groupe « à la française ». Or, selon le principe de la sélection décrit au §I.3, il importe dans les reprises d'accentuer le terme qui fait l'objet d'un choix et non pas ce qui est repris tel quel. Autrement dit, il est essentiel de tenir compte du sens de ces formules pour les produire correctement – il ne s'agit pas d'un simple jeu mécanique comme peuvent le faire croire certains exercices de manuel.

Les « tag questions », qui reprennent l'assertion précédente en inversant l'ordre des termes, ainsi que la polarité, sont toujours accentuées sur l'auxiliaire, marque du changement de polarité. Accentuer le dernier élément (le pronom) constitue en l'occurrence une erreur souvent entendue, mais évitable.

En ce qui concerne les phrases elliptiques commençant par *yes* ou *no*, la situation est assez complexe, fait peu reconnu. Dans les affirmations (*Yes, I am, she is, you do, we have...*), l'accent nucléaire est toujours sur l'élément final. Par contre, la négation varie selon l'auxiliaire et la personne, dans des conditions qui ne sont pas toujours rendues explicites et jamais expliquées. La forme « normale » (non-marquée), obligatoire dans les « tags », est celle qui comporte la contraction de NOT (*isn't, doesn't, haven't...*) avec accent sur l'auxiliaire. Cependant, cette forme n'existe pas, pour la copule, à la première personne du singulier ; aux autres personnes du présent, on présente comme quasi-équivalents *he's not / he isn't* ; *we're not / we aren't*, alors que la prononciation est fortement modifiée (réduction de l'auxiliaire, accent sur *not*). Par conséquent, un certain flou risque de s'introduire à propos de ces formes elliptiques, occasionnant des erreurs fréquentes lorsqu'elles apparaissent dans d'autres contextes :

When you've been here as long as `I have, you'll understand (accent sur *I*, forme pleine de [hæv], mais pas d'accent mélodique)

I'm sure he can [kən] *do it since his `brother can* ([kæn] forme pleine mais non accentuée)

She was [wəz] *earning more than `he was* [wɒz] *at the time.*

Dans ces comparaisons c'est le sujet de la deuxième proposition qui porte l'accent nucléaire, l'auxiliaire repris ayant sa forme pleine, puisque le verbe ne le suit pas, mais pas d'accent mélodique. Or les élèves, faute de repères stables, ne placent pas l'accent selon le sens mais soit de manière aléatoire soit selon un schéma qui leur est familier (accent en fin de groupe).

Le cas des phrases elliptiques a déjà été évoqué dans le chapitre précédent, en relation avec l'accent de phrase (§II.1.3.)[22]. Notre propos ici se limite à la réalisation de la voyelle dans les auxiliaires, en rappelant que si la réduction vocalique est strictement conditionnée par l'absence d'accent, la non réduction ne s'accompagne pas nécessairement d'un accent mélodique.

2.2.3. <u>La copule.</u> Comme les autres relateurs, les diverses formes de la copule BE conservent nécessairement leur voyelle pleine lorsqu'elles ne sont pas placées entre les éléments qu'elles relient, en l'occurrence le sujet et l'attribut :

Where are [ə] *the puppies? The puppies are* [ər] *in the kitchen*, mais

Do you know where the puppies are [ɑː]? (the puppies BE somewhere)

It's colder today than it was [wɒz] *yesterday.* (it BE cold)

No one is as afraid as I am [æm] *to travel alone* (I BE afraid)

Une mise en garde toute particulière doit être réservée à la forme contractée 'S (/z/ ou /s/) de la copule. C'est cette forme qui est privilégiée à l'oral en début d'apprentissage, sans discrimination. Or, elle ne convient pas toujours, même lorsque IS est placé entre le sujet et l'attribut, c'est-à-dire, en position de « relateur ». C'est que la copule a deux fonctions, dont la prosodie tient compte. Lorsque l'énonciateur opère une identification en rapport avec une situation donnée, il utilise normalement la forme réduite. Par contre, quand il s'agit d'une propriété définitoire, qui ne varie pas en fonction de la situation, la contraction n'a pas lieu :

The sky is blue / Snow is white / Milk is good for the teeth.

Princess Ann is well-known as a sportswoman.

On peut donc contraster des énoncés comme les suivants :

The wolf is a member of the canine family / That girl's a member of the Smith family. (Réponse à la question : *Who's that girl?*)

The sky is blue (définition), mais

---
22. Voir aussi, Activités de découverte V.

Don't be so gloomy ! The sky's blue, the sun's out birds are singing – it's a glorious day !

De même, dans les questions, on distingue entre celles qui sollicitent un complément d'information par rapport à un état de fait existant (forme réduite) et celles où l'information manquante ne dépend pas d'une situation particulière (forme pleine) :

Who's Billy's teacher this year? / Who is Billy's twin sister?

What's Arthur's job? / How old is Arthur?

On peut remarquer que la première question de chaque paire est fondée sur une relation préconstruite : *Billy has a teacher / Arthur has a job*. Si l'on avait déjà parlé de la jumelle de Billy ou si l'on passait en revue l'âge de différentes personnes, la forme contractée redeviendrait possible dans le second cas, mais alors le nom final recevrait un accent amplifié. L'énonciateur montre, par le traitement prosodique, à la fois ce qui inspire sa question et la nature de la réponse attendue. S'il sait que Billy a une sœur jumelle, mais ne l'a jamais vue, il va demander à son interlocuteur de la lui identifier, par exemple, sur une photographie ou dans un groupe ; dans ce cas-là, il utilise la forme pleine de IS et une intonation neutre. Si, au contraire, il entend parler pour la première fois de cette personne, il peut faire retour sur cet état de fait pour obtenir des informations supplémentaires – la forme réduite est alors possible.

Ces distinctions sont subtiles et n'ont pas nécessairement à faire l'objet d'un enseignement, car leur non respect ne risque pas d'entraver la communication. Cependant, il vaut mieux que l'enseignant en prenne conscience, notamment s'il préconise l'emploi des formes contractées à l'écrit. Les formes contractées étant conçues comme un reflet de l'oral, elles ne peuvent apparaître dans n'importe quel contexte ou situation de discours.

Conclusion du deuxième chapitre : le rythme de l'anglais

Tout le monde est convaincu qu'il faut savoir placer correctement les accents en anglais. Ce qui se dit moins, c'est qu'il faut savoir les reconnaître à l'écoute et apprendre à s'en servir pour dégager le sens du message. D'une part, les syllabes accentuées contiennent l'essentiel de la « matière brute » de l'information véhiculée, et d'autre part, c'est grâce à elles et à quelques indices sonores minimes qu'on reconstruit l'ensemble. Pour comprendre, on doit avoir recours non seulement à la perception auditive, mais au moins autant à des connaissances grammaticales suffisantes pour rejeter ce qui est impossible. Ceci a plusieurs conséquences pour l'enseignement :

1. La réduction vocalique doit être considérée comme une donnée de base du système phonétique de l'anglais qui découle directement du système accentuel.

2. En production, c'est le rythme qui doit primer et non la réalisation de telle ou telle « forme réduite ».

3. Parmi les stratégies d'écoute à cultiver, il importe d'inclure non seulement le repérage des syllabes accentuées, mais aussi le « stockage » de suites sonores en attente d'interprétation.

Chapitre 3

Les schémas intonatifs

Parmi les aspects de l'anglais oral les plus difficiles à enseigner figure sans aucun doute l'intonation si l'on entend par là la ligne mélodique à adopter dans une situation de discours donnée. Ce choix, éminemment énonciatif – dans le sens où il dépend étroitement de la relation entre énonciateurs – s'intègre moins facilement que ceux portant sur la place des accents dans une pratique raisonnée de la langue. En outre, les termes intonation « descendante » et « montante » sont trompeurs aux premier abord puisqu'il ne s'appliquent en fait qu'à la fin de la courbe mélodique.

Dans la production des élèves, on observe plusieurs travers typiques :

1) une montée systématique en fin d'énoncé, correspondant à la question implicite : « ai-je bien répondu ? est-ce cela que vous attendiez de moi ? »

2) des montées et des descentes en zig-zag dans un effort pour « mettre l'expression » ou, au contraire

3) une ligne mélodique monocorde due à une absence d'implication de la part du locuteur.

Ces trois tendances sont toutes attribuables à une même cause : le cadre de la classe n'est presque jamais vécu comme une situation d'énonciation ; les élèves ne sont pas en position ou n'ont pas envie de prendre en charge le contenu de ce qu'ils sont amenés à émettre en langue étrangère.

Pour les y aider, les instructions officielles et les grilles d'évaluation proposent des correspondances entre types de phrases et schémas intonatifs : déclarations, interrogations en WH, ordres, exclamatives correspondant à l'intonation descendante ; interrogations commençant par un auxiliaire, phrases inachevées, énumérations, subordonnées initiales à l'intonation montante[23].

L'expérience montre qu'un travail spécifique en classe sur la mélodie n'a pas d'incidence durable sur la qualité des réalisations spontanées. Les élèves imitent très bien un schéma intonatif entendu et sont souvent capables de se rappeler la « musique » de telle ou telle expression prélevée dans une séquence enregistrée

---

23. « Régularités de l'anglais oral », Instructions officielles.

(*Wow! What's the matter? So what?*). Mais mettre sur ces schémas une étiquette « intonation montante » ou « intonation descendante » ne les aident pas directement à produire un énoncé de leur propre cru.

D'une part, l'identification d'une mélodie comme montante ou descendante exige un entraînement long et constant peu compatible avec les horaires de la classe d'anglais, car, en dehors de quelques énoncés très brefs, la ligne mélodique n'est jamais unidirectionnelle en anglais. La montée et la descente dont on parle à propos de l'intonation anglaise partent du noyau (nucleus). Avant cet accent nucléaire, on trouve typiquement une légère montée pour atteindre le premier accent mélodique, suivie d'une descente graduelle jusqu'à l'amorce du noyau. Comme la voix monte avant de descendre et descend avant de monter, il est injuste de demander aux élèves d'identifier **la** direction qui caractérise un énoncé de plus de deux syllabes. Celle qui est imprimée à la fin de la courbe – à partir du noyau – est parfois très discrète par rapport aux variations de ton qui la précèdent.

Par ailleurs, le choix d'un schéma intonatif approprié obéit à des critères énonciatifs que nous allons essayer d'intégrer dans un système de fonctionnement qui dépasse les critères essentiellement syntaxiques généralement évoqués. Nous verrons dans les pages qui suivent, qu'il n'y a pas de correspondance systématique entre forme syntaxique et schéma intonatif, et que la distinction entre schémas « neutres » et « non-neutres » demande à être affinée.

I. Les schémas de base[24]

1. Description

Nous avons vu dès le premier chapitre que la mélodie est indissociable du rythme déterminé par la distribution des syllabes accentuées. Typiquement, la première syllabe accentuée d'un groupe intonatif (parfois appelé « groupe de souffle ») est prononcée sur un ton mi-haut, d'où la voix descend graduellement jusqu'au noyau. C'est à partir du dernier accent mélodique, ou accent nucléaire, que s'observe la descente ou la montée.

Plusieurs cas de figure sont possibles :

– chute « basse » : la voix continue sa descente, « glissant » sur la syllabe qui porte le noyau pour atteindre le bas du registre, où elle se maintient jusqu'à la fin du groupe intonatif ;

– chute « haute » : la courbe se rompt, le début du noyau étant prononcé sur un ton plus haut que la syllabe précédante, ce qui augmente l'amplitude de la chute. Cette intonation « emphatique » est souvent confondue avec une montée, puisque le changement de ton vers les aigus est plus perceptible que la descente finale.

---

24. Pour des decriptions plus complètes des schémas intonatifs de l'anglais et leurs valeurs en discours, voir Alain Nicaise & Mark Gray, *L'intonation de l'anglais*, Nathan, 1998.

- montée « basse » : ayant atteint les graves, la voix amorce une montée sur la syllabe qui porte l'accent nucléaire. Si cette syllabe est la dernière du groupe, la montée est parfois très difficile à détecter ; plus il y a de syllabes qui la prolongent, plus elle devient audible.
- ton « creusé » (*fall-rise*) : la voix descend sur le noyau pour remonter très légèrement en fin de groupe.

Ces descriptions résultent d'observations de théoriciens. Pour le profane, il est souvent très difficile – pour ne pas dire aléatoire – de distinguer entre les différents schémas. En particulier, les anglophones non phonéticiens sont généralement incapables d'identifier une intonation montante ou descendante.

L'apprenant francophone n'a donc pas à entrer dans les subtilités de ces distinctions. Ce qu'il doit savoir, c'est que par rapport au français, l'intonation est globalement descendante. En français, le ton reste beaucoup plus stable à l'intérieur d'un groupe de souffle et monte systématiquement sur la dernière syllabe, sauf en fin d'énoncé assertif. Pour vérifier cette caractéristique du français, on peut faire lire à haute voix le début d'un article de journal ou faire écouter l'enregistrement d'un discours politique. On obtient ainsi le modèle de ce qu'il faut éviter en anglais.

2. Fonctions

Il est vraisemblable que les locuteurs reconnaissent la fonction discursive d'un schéma intonatif sans passer par une analyse consciente de sa forme. Nous allons donc procéder à un examen de ces fonctions, pour nous demander ensuite dans quelle mesure l'enseignant a la possibilité d'agir sur les performances en production / reconnaissance dans ce domaine subtil.

Il est coutumier, comme le rappellent les instructions officielles, de faire correspondre les schémas intonatifs à des types de phrases : assertions, questions en WH, injonctions ont un schéma descendant ; questions polaires, requêtes polies, énoncés incomplets ont un schéma montant. Cependant, connaître ces correspondances ne facilite pas en soi l'acquisition de l'anglais. Premièrement, elles s'appliquent également au français et à beaucoup d'autres langues, et deuxièmement, le vrai critère de partage n'est pas syntaxique mais énonciatif et pragmatique. Une chute en fin d'énoncé signale à l'interlocuteur que l'énonciateur se porte garant de la validité de sa prédication ; une montée signale au contraire que cette prise en charge est écartée.

Pour sensibiliser à la similitude entre les langues, le travail avec les élèves pourrait prendre un aspect comparatif, en partant du français :

J'ai quelque chose à te dire. – Quoi ? ↘ (Qu'as-tu à me dire ?) ; *Quoi ?* ↗ (Je n'ai pas entendu, ou je n'en crois pas mes oreilles). La « vraie » question, en l'occurrence, est celle où la voix tombe, l'autre signale un « raté » dans l'échange. Il en est exactement de même en anglais.

En français, la séquence : *Ah bon?* prononcée avec un ton ascendant signifie tout autre chose que la même séquence prononcée avec une chute. Ceci est comparable aux phrases elliptiques de reprise : *You do?* avec une montée sur *do* indique une réaction d'étonnement, parfois d'incrédulité ; avec une chute, il s'agit d'une confirmation.

Cependant, en se limitant à des paires minimales (où un seul facteur varie) aussi brèves, on renforce l'idée que l'opposition ton montant / ton descendant concerne la phrase et se ramène à une opposition binaire entre deux valeurs stables. Tout en reconnaissant que la simplification est indispensable en didactique, on doit veiller à ce que la présentation n'incite pas à tirer des conclusions fausses. Dans cette optique, nous allons passer en revue quelques énoncés susceptibles d'être prononcés avec une intonation « neutres » (chute « basse » ou montée « basse »), en essayant de fournir les explications linguistiques qui montrent l'unité du système. Ces explications ne seront pas nécessairement à livrer en l'état aux élèves mais pourront aider l'enseignant à y voir plus clair.

2.1. Valeur de l'intonation descendante

D'un point de vue pragmatique, le schéma descendant qui part d'un ton médian pour tomber progressivement vers les graves correspond à la prise en charge par l'énonciateur de la validité de ce qu'il énonce, sans valeur appréciative ajoutée :

'Mister 'Smith is `English. (un fait avéré, non contesté)

His 'wife 'can't `drive. (prédication d'une propriété)

'What 'colour are his `eyes? (tout le monde a des yeux d'une certaine couleur)

'Have some 'more `wine. (a priori, on s'attend à ce que ceci soit suivi d'effet).

On note que la question commençant par un mot interrogatif est bien conforme à la valeur générale : l'énonciateur n'a aucun doute sur la validité de la relation prédicative <his eyes are some colour>, il lui manque simplement une précision. De même, dans les questions suivantes, l'intonation descendante résulte d'une certitude :

'What did you `do ,last ,night? (je considère comme acquis que tu as fait quelque chose)

'How many 'lumps of `sugar do you ,take? (je suppose que tu prends du sucre)

Comme nous l'avons vu précédemment (Chapitre 1, §II), la chute nucléaire ne tombe pas nécessairement sur le dernier mot de la phrase, mais sur le dernier élément apporté en propre par l'énonciateur. Des termes désaccentués peuvent suivre la chute avec maintien de la voix dans les tons graves, signifiant que ces termes renvoient à l'ancrage situationnel, notamment au repérage par rapport à l'origine spatio-temporelle :

'Look at the `clouds in the ,sky (la localisation des nuages fait partie de leurs propriétés intrinsèques)

'How 'far is the `post-,office from ,here ? (la distance se mesure nécessairement par rapport à un point fixe en liaison avec la situation).

De ce point de vue, les deux énoncés ci-après ont tous deux une intonation neutre, bien que le noyau ne marque pas le même élément dans les deux suites syntaxiquement identiques : *Listen, I can 'hear `bells ,ringing* (chute intonative sur *bells*, ton grave monocorde sur *ringing* : la relation prédicative <bell ring> est choisie en bloc, cette prédication ne dépend pas de l'énonciateur) / *Listen, I can 'hear 'children `singing* (noyau sur *sing*, l'énonciateur informe le coénonciateur de la nature du son qu'il entend).

2.2. Valeur de l'intonation montante

Traditionnellement, on considère que l'intonation ascendante marque l'inachèvement et l'ouverture : en employant ce schéma, l'énonciateur signale qu'il n'est pas en mesure de prendre en charge la validité de la prédication, ou qu'il ne souhaite pas le faire. Ou bien il s'en remet à son interlocuteur pour la validation, ou bien il indique que celle-ci est suspendue à un état de fait qui figure ailleurs dans son discours. Les questions « complètes » (auxquelles on répond par oui ou non) sont représentatives du premier cas : c'est au co-énonciateur de dire si la relation construite est valable :

Is 'your 'name ⸝Mary?[25]

'Can we go ⸝out now?

'Is there 'any ⸝pudding left?

'Are you 'going to their ⸝party on ⸝Saturday?

de même que les sollicitations, qui invite le co-énonciateur à agir, et ainsi à valider la relation :

'Have some 'more ⸝wine. (légère montée sur *wine* = 'coaxing tone')

'Turn 'down the ⸝radio ⸝please. (légère montée sur *ra(dio)* pour atténuer l'ordre)

Il n'est pas rare que ce schéma soit utilisé également pour des questions en WH, lorsque l'information demandée est de nature personnelle, ce qui introduit un élément affectif dans l'échange :

'What did you ⸝do ⸝last ⸝night? (je n'impose rien, je m'intéresse sincèrement à toi)

'How many 'lumps of ⸝sugar do you ⸝take?

L'autre justification de la montée « inférieure » est l'incomplétude : l'énonciateur ne peut prendre en charge la validité d'une relation si elle dépend de la validité d'une autre relation. On trouve donc communément une légère montée à la fin des propositions subordonnées, ou d'éléments coordonnés autres que le dernier d'une suite discursive :

She 'stormed 'out of the ⸝house and 'slammed the `door. (montée sur *house*, chute sur *door*)

If you 'don't 'know the ⸝answer, `say so.

My 'favourite 'authors are ⸝Shakespeare, ⸝Dickens and `Hemingway.

Ces montées très légères en fin de groupe introductif signalent qu'il y a une suite. Elles se situent dans les tons graves, et suivent une séquence prononcée le

---

25. Afin de distinguer clairement entre l'accent nucléaire et les battements rythmiques post-nucléaires dans l'intonation, nous adoptons le symbole ⸝ devant la syllabe nucléaire où débute la montée.

55

long d'une courbe descendante : par exemple, dans le premier énoncé, la première syllabe accentuée *stormed* est un peu plus haute que la seconde *out*, qui est plus haute que l'amorce de *house*. C'est cette descente très graduelle de la voix dans la première partie de la courbe qui est peu naturelle, donc difficile, pour le francophone. La section suivante sera consacrée aux moyens de former à sa production.

II. Production : la leçon de chant

Vraisemblablement, c'est en tout début d'apprentissage qu'il convient de sensibiliser les élèves à la musique spécifique de l'anglais : le glissement de la voix du haut vers le bas, parfois sur une syllabe (*hi!*), souvent étalé sur plusieurs (*'what `time is it?*). En même temps que le rythme, on peut travailler la mélodie sur des mots de plusieurs syllabes, les composés ou de brefs syntagmes, en veillant à placer la voix suffisamment haut au départ pour ménager une chute sur l'accent final : *'Hallo`we'en ; `birthday ˌparty ; 'Monday `morning ; on 'top of the `mountain…*

A des stades plus avancés, un travail raisonné sur l'intonation peut être envisagé en préparation de la lecture à haute voix. Le lecteur doit tenter de se mettre « dans la peau » de l'énonciateur d'origine, en analysant consciemment l'intention de signifier qui l'a motivé. Cet effort justifie un travail préalable composé des étapes suivantes :

– division en groupes de souffle, généralement délimités par la ponctuation ;

– placement des accents en fonction des principes présentés dans les chapitres précédents ;

– choix de l'accent nucléaire, en faisant attention au contexte avant ;

– choix du ton (montée ou descente) approprié.

On peut ensuite procéder à la gymnastique destinée à faire produire la mélodie :

His 'uncle is 'back from a 'journey to `Africa.

On commence par les seules syllabes accentuées : [ʌŋk] [bæk] [dʒɜːn] [æf], en les espaçant régulièrement et en descendant d'un quart de ton sur chacune jusqu'au « glissement » final sur [æf] ⁻ − ˍ ˎ. Une fois que cet « air » est maîtrisé, on insère les syllabes inaccentuées, sans rien modifier au reste.

Pour « chanter » la mélodie montante en anglais, on commence exactement comme pour le schéma descendant ; la montée ne commence qu'au noyau et n'est en général pas très prononcée :

Would you 'like a'nother 'piece of ˏcake ?

Has 'anybody 'seen my ˏsunglasses ?

La « queue » qui suit l'accent nucléaire n'atteint presque jamais le ton relativement aigu de la première syllabe accentuée, appelée parfois première de tête. L'entraînement doit porter principalement sur la progression pré-nucléaire, avec une chute sur un ton suffisamment grave pour pouvoir amorcer une légère montée, le cas échéant. Les cas de montée « pure », à la française, sont rares en anglais et correspondent à des énoncés marqués.

III. Schémas « non neutres »

Les textes ministériels distinguent entre, d'une part, les deux schémas de base que nous venons de présenter, en liaison avec des schémas syntaxiques et, d'autre part, des modifications de ces schémas en fonction de certaines intentions de signifier particulières.

1. L'augmentation de l'amplitude (*'special stress'*). Ce que les textes ministériels appellent la « mise en relief d'un mot pour une intonation contrastive et/ou emphatique » s'obtient en exagérant le changement de ton sur le noyau et reflète le plus souvent l'introduction d'une modalité appréciative. C'est ainsi qu'on peut :

– transformer une simple assertion en exclamation :

She 'says she's `ENGlish! (avec une chute important sur la syllabe ENG = quelle idée saugrenue !),

– ou montrer son incrédulité par rapport à une affirmation d'autrui :

Her 'name is /WILly? (montée très forte sur la syllabe WIL)

Pour ce qui est de l'« intonation contrastive », nous avons vu que l'effet de contraste est obtenu en désaccentuant l'élément de la relation qui reste constant : I'd 'like some `ripe to,matoes (accent nucléaire sur *ripe*) implique que les tomates visibles ou proposées par le marchand ne sont pas mûres, quel que soit le degré d'accentuation de *ripe*. En augmentant l'amplitude de la chute, on marque son impatience, lors de la réitération d'une demande non satisfaite, par exemple.

Paradoxalement, ces déformations sont plus faciles à réaliser que les schémas neutres. Les élèves semblent les assimiler sans trop d'effort.

2. Déplacement du noyau (*'shifted nucleus'*). L'intonation « neutre », telle qu'elle a été définie ci-dessus, comporte une chute finale sur le dernier élément lexical, à moins que celui-ci ne fasse partie des propriétés définitoires de la situation. Pour des raisons internes au discours, on peut être amené à désaccentuer certains termes, en particulier lorsqu'ils n'apportent pas d'information nouvelle :

'Bob's 'father 'saw you 'going to the `butcher's. – /Whose ,father? – The `neighbour's ,father.

Dans cet échange, une première relation est construite par l'énoncé de départ : <X's father saw you>, repris par la suite sous forme elliptique. La partie de la relation qui reste stable ne reçoit plus d'accent mélodique, seul le terme au génitif, dont le référent n'a pas été clairement identifié, est prononcé sur un ton dynamique, montant sur la question, descendant sur la réponse. Si l'énoncé avait été repris tout entier, on aurait, pour la question, une courbe ascendante du début à la fin :

/Whose ,father ,saw me ,going to the ,butcher's?,

puisque tout ce qui suit le noyau *whose* fait partie de la « queue » montante. C'est à ce cas de figure que l'on fait allusion en évoquant la « Substitution d'une intonation montante à une intonation descendante pour des demandes de répétition par exemple » : ˏWhere did they go? ˏWhen does the play start? (je n'ai pas bien saisi le lieu / l'heure…).

Cette intonation très marquée, qui ne sert guère que dans le type de situation décrite, ne doit pas être considérée comme centrale, car elle ressemble plus à la montée française (ligne montante continue) qu'à la montée anglaise habituelle (uniquement en fin de groupe).

Par contre, il peut être utile de proposer des exercices sur le déplacement du noyau avec l'intonation descendante, pour corriger une information inexacte, par exemple :

'The Smiths have got a big black car.' 'No, they've got a 'dark `blue ˏcar.'

3. Le ton creusé (*'fall-rise'*). Pour que le tableau soit complet, nous rappellerons la possibilité de combiner les deux schémas de base, avec des éléments de signification de chacun : assertion inachevée ou sans prise en charge totale. Ce schéma sert souvent à insinuer ou à laisser sous-entendre un message qui n'est pas dit explicitement. Les Anglais en usent très largement, et l'étranger a tout intérêt à savoir reconnaître ce ton de l'implication ironique. Par contre, il n'est sans doute pas indispensable de l'introduire en classe avant un niveau de compétence assez élevé. Tout au plus, avec des étudiants avancés, pourrait-on introduire, en reconnaissance, quelques cas typiques :

– sélection d'un membre d'une paire, à l'exclusion de l'autre :

Are you interested in music and dance? – I'm interested in ˇmusic (implication : but not in dance)

– portée limitée de la négation :

I wouldn't show that to ˇanyone (implication : je ne le montrerais qu'à certaines personnes)

– interprétation contrefactuelle des modaux :

He might have ˇtold them he didn't want any (chute sur *told*, légère remontée sur *any* ; implication : il aurait pu le leur dire, mais il ne l'a pas fait).

Prononcées avec une chute finale, toutes ces phrases retrouveraient un sens « factuel » : je m'intéresse à la musique ; je ne le montrerais à personne ; peut-être leur a-t-il dit qu'il n'en voulait pas.

Il est à noter que tous les contours sont compatibles avec n'importe quel schéma syntaxique. Même les questions commençant par un auxiliaire (yes-no questions) se prononcent très souvent sur un ton descendant, l'inversion étant justement une indication suffisante de l'interrogation.

A cet égard, l'alternance souvent observée à propos des reprises par des « question tags » mérite l'attention.

IV. Les questions tags et réponses courtes

Les manuels d'anglais prônent régulièrement des exercices de discrimination entre ton ascendant (« vraie » question) et ton descendant sur le « tag ». En tant que tel, cet exercice n'a que peu d'incidence sur les performances. Les francophones, de tous niveaux, n'utilisent spontanément ces formes que très rarement. En situation contrainte, la difficulté des apprenants réside, non pas tant dans la direction de la courbe, mais dans son point de départ et son rythme : ce qui pose problème est la réalisation de deux courbes distinctes, la première, sur l'énoncé de départ, toujours descendante, et la seconde, sur le « tag », à partir d'un ton relativement grave, avec accent nucléaire sur l'auxiliaire (voir Chapitre 1 §II.1.1.3.)

1. Choix entre montée et descente

En ce qui concerne le choix entre montée et descente, il ne s'agit pas vraiment, comme on le prétend, de l'attente ou non d'une réponse, car la forme interrogative offre toujours à l'interlocuteur l'occasion de réagir. Ce qui est en cause, semble-t-il, est de nouveau le degré de prise en charge par l'énonciateur. Lorsque celui-ci émet une appréciation, il peut inviter son interlocuteur à manifester son accord ou son désaccord, mais pas à valider ou non l'existence de cette appréciation. Dans ce cas, seul le ton descendant apparaît :

There is hardly anything to do in this town, is there (↘–) ? (*hardly anything* = quantité nettement insuffisante aux yeux de l'énonciateur)

That furniture needs to be replaced, doesn't it (↘..) ?

You think this is a waste of time, don't you (↘ –) ? (d'après ce que je vois / tel que je te connais)

Si, au contraire, l'actualisation du prédicat suppose une action de la part de l'interlocuteur, alors le ton ascendant s'impose :

Let's have a look at that fountain, shall we (↗•) ? (~ tu veux bien ?)

You'll be able to finish by tonight, won't you ? (capacité et volonté du coénonciateur seules en jeu).

Après une assertion portant sur un état de fait, le ton montant signale plutôt un doute par rapport à ce qui est initialement affirmé, pouvant aller jusqu'au besoin d'être rassuré :

He used to have a lot of girlfriends, didn't he?

Ce tag pourrait être prononcé avec une montée si l'énonciateur s'étonnait de voir le *he* dont il parle solitaire et morose. Le ton descendant serait plus normal s'il s'agissait de remémorer ensemble le passé du sujet *he*.

De même, dans : *Your mother is pleased with your results, isn't she*?, le ton ascendant impliquerait que certains signes dans la situation font que l'énonciateur doute de la validité de ce qu'il considérerait comme normal. Avec le ton descendant, l'énonciateur montre qu'il considère ce fait comme acquis : avec des résultats aussi bons, il ne peut en être autrement.

Nous voyons, une fois de plus, que accent, intonation et morpho-syntaxe participent conjointement à la construction du sens. Le jeu intersubjectif dont le '*question tag*' est la marque ne se manifeste vraiment que dans la langue parlée.

2. Autres questions elliptiques

Outre les '*tags*' classiques, avec changement de polarité, d'autres formes de reprise couramment employées en anglais s'accompagnent d'intonations caractéristiques.

He looks exactly like his grandfather. – He does, doesn't he? (avec deux chutes de la voix sur *does* = *oui, maintenant que vous me le faites remarquer*)

She drives to work in a Jaguar. – She does, does she? (chute, puis montée inférieure = ton ironique : *tu m'en diras tant*)

Ces exemples aussi s'expliquent en termes de prise en charge. Dans le premier, l'énonciateur accepte l'affirmation de son interlocuteur, et reconnaît sa contribution en l'incluant dans son propre énoncé : avec l'affirmation suivie de l'interro-négative, il « fait le tour » de la relation prédicative, qu'il prend à son compte. Dans le deuxième cas, c'est le contraire : l'énonciateur refuse la responsabilité de ce qu'affirme le co-énonciateur, il lui « renvoie la balle », en mettant en cause la validité de la prédication.

Une reprise simple – et non double – à la forme interrogative peut exprimer, selon l'intonation employée, des nuances différentes :

They have just moved to the country. – Have they (↗•) *?* (« C'est vrai ? » ~je l'ignorais) ;

Have they (↘ –) *?* (« Tiens. » ~j'en prends acte)

3. Choix de l'accent nucléaire (rappel)

Cette opposition s'ajoute à celle qui concerne le choix du noyau, évoquée au chapitre précédent. La même suite, /pronom sujet + auxiliaire/, peut donner lieu à (au moins) quatre schémas intonatifs différents, assez facilement identifiables à l'oreille, qui conviennent à des situations de discours différentes.

John says he can climb that tree blindfolded.

– *He `can.* (il dit vrai, je le confirme) ;

– *He ⁄can ?* (ah bon ? je ne l'aurais pas cru) ;

– *`He can.* (lui, oui) ;

– *⁄He can ?* (vous êtes sûr(e) que lui puisse le faire, ne parle-t-il pas de quelqu'un d'autre ?)

Dans ce type d'étude comparative, la traduction peut être très utile pour montrer que l'anglais fait avec l'intonation ce que le français fait avec la syntaxe, autrement dit que la place et la direction du noyau font réellement partie de la grammaire, et ne sont pas seulement une questions d'attitude[26].

---

26. Essayer de « lire » dans l'intonation la surprise, la déception, le plaisir, etc. ne relève pas du langage mais de la psychologie.

La prosodie

Bien évidemment, tous ces détails n'ont pas à faire l'objet d'un enseignement spécifique. Mais une conscience des subtilités d'expression possibles avec un nombre très limité d'unités linguistiques peut permettre un meilleur usage des exercices purement mécaniques souvent associés aux « question tags ».

Conclusion du troisième chapitre : la mélodie

En matière d'intonation, il importe de garder à l'esprit que :
- ce qu'on appelle l'intonation « ascendante » ne s'applique qu'à la fin de la courbe mélodique,
- en anglais, l'intonation est globalement descendante, et
- ce qui compte le plus pour la compréhension est le placement des accents, en particulier de l'accent nucléaire qui signale la fin de la partie « informative » du groupe de souffle et lui imprime sa direction finale.

C'est le lien entre accent et mélodie qui caractérise singulièrement l'anglais et qui est particulièrement difficile à maîtriser pour l'apprenant francophone. Trop insister sur les aspects mécaniques de ces liens risquerait de bloquer la communication plutôt que de la favoriser. Par contre, faire prendre conscience, progressivement, des implications énonciatives du choix d'une mélodie devrait aboutir à terme à une plus grande autonomie des élèves.

On peut aussi, dans ce domaine particulier, compter sur un certain mimétisme inconscient en situation d'immersion : c'est le séjour en pays anglophone qui, finalement, donne les meilleurs résultats.

Deuxième partie : Les sons

Il ne s'agit pas ici de faire un cours de phonétique articulatoire, plusieurs manuels faciles d'accès et très bien présentés existent à cet effet[1]. Notre propos étant la grammaire de l'oral, nous considérons la prononciation sous l'angle de la relation entre son et sens : quels sont les sons de la langue dont une réalisation erronée peut entraver la communication ? quels phonèmes, difficiles à distinguer pour des francophones, peuvent bloquer la compréhension ? quels phénomènes phonotactiques (dûs aux sons en contact dans la chaîne parlée) faut-il connaître pour éviter des écueils très répandus ?

Bien qu'il soit impossible de dissocier les difficultés dues à la perception de celles liées à la production, dans la mesure où les deux facteurs interagissent en permanence, nous allons, pour la clarté de l'exposé, commencer par les problèmes de reconnaissance tels qu'ils se manifestent à travers des activités de compréhension orale. Ceux-ci se divisent en deux grandes catégories, sans frontière nette entre elles : problèmes de segmentation, identification de lexèmes.

Chapitre 1

Confusion entre marqueurs syntaxiques

I. Marqueurs ambigus

Dès les toutes premières leçons, l'élève se trouve en présence de certaines successions de sons récurrentes mais à valeurs différentes : [ts(ə)], [(ɪ)z(ə)]. Les erreurs persistantes que déplorent les enseignants en production (des 's' intrusifs ou absents, l'article indéfini inséré malencontreusement) sont vraisemblablement dues à ces premiers contacts avec la langue orale. Notons que les constructions considérées comme les plus élémentaires comportent ces formes en nombre important.

---

1. Voir, entre autres : Lilly & Viel, Watbled, Ginesy, ou, en langue anglaise : Roach, Carr.

What's [ts] *this ? It's a* [ɪtsə] *pencil. What colour is it* [ɪzɪt]*? It's* [ɪts] *yellow.*

What's your name ? It's Alice. Who's that boy ? That's Chris.

My book's [ks] *heavy / My books are* [ksə] *heavy.*

My bag's [gz] *heavy. / My bags are* [gzə] *heavy.*

The teacher's [əz] *late. / The teacher's* [əz] *name is* [ɪz] *Mrs* [ɪz] *Williams* [z]

Where is [ɪz] *Jenny's* [ɪz] *notebook ?*

Plutôt que les différentes réalisations du s final, ce sont les différentes valeurs d'une même réalisation qui posent problème aux débutants. Les échanges étant surtout oraux, l'élève qui ne reconnaît pas – et pour cause – les frontières des morphèmes a l'impression que la marque [s] ou [z] surgit un peu au hasard dans la chaîne parlée. Il parsème donc sa production de ces sons, « faute » que sanctionnent sévèrement la plupart des enseignants, mais dont peu combattent efficacement la cause.

1. Singulier / pluriel

Une segmentation correcte, qui implique une conscience déjà assez sophistiquée des modes de fonctionnement des différents constituants de l'énoncé, passe sans doute par des manipulations portant sur une seule variable à la fois. Si on commence par la copule BE, il faudrait, par exemple, mettre en place IS, avec ses diverses réalisations et positions, avant d'introduire l'opposition singulier / pluriel.

What's that? It's a ball. Is it a football? Yes, it is.

Where's the cat? It's / He's under the bed. Is it / he black? No, he isn't, he's yellow and white.

Now the cat's in the garden. The dog's in the garden, too. Is Alan with them?

Avant de faire le même type de manipulations avec ARE, sans doute vaudrait-il mieux étudier la marque du pluriel dans d'autres contextes, parce que dans les phrases à copule les mêmes marqueurs ([z/s] et [ə]) opposent singulier et pluriel, mais à des endroits différents de la chaîne. Ainsi, par exemple, entre : *the cat's playing* et les *cats are playing*, le pluriel n'est marqué à l'oral que par un schwa entre le sujet et le verbe. Par contre, dans la paire : *my brother's a farmer / my brothers are farmers*, la séquence /zə/ est commune aux deux phrases, et la marque du pluriel n'apparaît que tout à fait en fin d'énoncé. C'est pourquoi on a intérêt à faire repérer le /z/ final du pluriel et le [ə] de l'article indéfini indépendamment dans un premier temps :

For breakfast, I have milk, toast, bacon and eggs.

I can see ducks on the pond, birds in the tree and flowers in the meadow.

How many brothers have you got ? I've got two brothers and a sister.

2. There « présentatif »

Avec la structure *there is / there are*, les ressemblances à l'oral entre singulier et pluriel s'ajoutent à d'autres : non seulement les trois [ðeə] (THERE / THEIR / THEY'RE), mais aussi l'identité entre les formes réduites de THERE et de THE.

S'il peut sembler naturel de travailler très tôt la paire *there is* et *there are*, il importe de se rendre compte que la différence phonétique entre les deux est ténue :

There's a [ðəzə] *vase on the table. There are* [ðərə] *six flowers in the vase*

Lors de la transformation interrogative, la copule est peut-être plus facile à identifier, puisqu'elle a normalement sa forme pleine :

Is there a [ɪzðerə] *doctor on board? / Are there* [ɑːðe] *stars in the sky tonight?*

mais ce dernier énoncé, avec une forme réduite ou abrégée de THERE, ressemble dangereusement à : *Are the stars…*, ce qui introduit d'autres confusions et ne facilite pas l'identification des unités qui composent la forme affirmative. Là encore, il convient de restreindre le nombre de variables en attendant que les structures soient en place.

'*How many children are there* [ɑːðer] *in your family?*'

'*There are* [ðərə] *four ; there are three boys and one girl.*'

'*There's* [ðez] *only one boy in my family. I have one brother.*'

How many tables are there in the classroom? There are twelve ; there are two pupils at each table.

Autrement dit, tant que le signe [ə] n'est pas reconnu comme verbe au pluriel dans cette structure, il peut être dangereux d'utiliser l'article indéfini.

3. Autres zones à risques

Pour le génitif, aussi, il y a lieu de procéder par étapes, avant de présenter des suites comme : *the doctor's* [əz] *car is* [(ɪ)z] *black*, difficiles à segmenter lorsqu'on a déjà appris : *the doctor's* [əz] *in his* [ɪz] *car*, ou : *my father's* [əz] *a salesman.*

De manière moins lancinante, mais localement ennuyeuse, d'autres oppositions sont neutralisées à l'oral :

– *of* = *have* = [əv] : *the clouds have disappeared / clouds of smoke appeared* ;
– *were* = *would* = [wəd] si le mot qui suit commence par /d/ :
  the plants were dying for lack of water / the plants would die in such heat ;
– *from* = *for a* = [frəm] si le mot qui suit commence par /m/ :
  they come from Edinborough / they've come for a meal.

Dans des cas de ce type, les risques d'erreurs de production sont bien moindres que celles mentionnées précédemment. En reconnaissance, le contexte devrait permettre de rectifier une première impression erronée, à condition d'avoir appris à réfléchir au sens.

Il n'en va peut-être pas de même pour les formes de participes, présent et passé, lorsque le participe passé se termine par EN : *taking / taken ; shaking / shaken ; giving / given*. Ici encore, la ressemblance entre les formes peut ébranler des connaissances grammaticales peu assurées[2]. Devant la difficulté de distinguer oralement entre : *we were given / we were giving* ; *they've been shaken / they've been shaking / they're being shaken*, les confusions qui existent déjà entre actif et passif, prétérit et perfect, peuvent être renforcées.

Une fois que le rôle des différents marqueurs est supposé compris, on peut commencer à faire de la discrimination raisonnée (voir Activités de découverte IV E), mais si l'on ne prend pas un certain nombre de précautions au départ, les confusions persisteront longtemps.

Les problèmes évoqués dans cette section proviennent essentiellement de la réduction vocalique qui affecte normalement les syllabes inaccentuées[3]. Dans la section suivante, nous considérons des marqueurs qui deviennent imperceptibles dans certains contextes à cause de leur entourage phonétique.

II. Assimilation et élision

Le système flexionnel de l'anglais est pauvre, seules quelques oppositions grammaticales sont marquées par l'affixation d'un morphème : singulier / pluriel du nom, présent / passé du verbe. Le S de troisième personne distingue celle-ci de toutes les autres au présent seulement, sauf pour la copule qui a une conjugaison un peu plus complète. On peut également retenir l'unique survivant d'une déclinaison du nom : le 'S du génitif. Ainsi que nous l'avons observé dans la section précédente, ces différents morphèmes ont souvent une forme phonétique unique. Qui plus est, il s'agit généralement d'une simple consonne ([z], [s], [d], [t]) susceptible de disparaître dans certains environnements.

1. Effacements

Il arrive que le mot qui suit ces terminaisons commence par la même consonne. La gémination n'existant pas dans le système phonétique anglais, et la chaîne sonore n'étant pas interrompue entre les mots, on ne perçoit qu'une seule manifestation de la consonne :

The cat sat on the mat = The cats sat on the mat. (ss = s)

We walk to school = We walked to school. (tt = t)

She told us she'd see(n) nobody for several days. (nn = n)

Ce phénomène s'étend aux cas où une consonne sonore est suivie de sa contrepartie sourde (ayant les mêmes lieu et mode d'articulation, voir Fiche n° 2).

The boy(s) saw the match. / I ('ve) fixed the TV. / We ('d) tie(d) two sticks together.

---

2. Voir W. Halff, (1987), L'oral et l'erreur grammaticale', *in Les Langues modernes, n° 5 : Les erreurs des élèves : qu'en faire ?*, APLV.
3. Voir première partie, chapitre 2 §II.

Ici, il ne s'agit pas de gémination ni d'élision, mais d'un problème de perception bien naturel : les cordes vocales étant en mouvement pour la prononciation de la voyelle qui précède la terminaison et arrêtées pour la consonne sourde qui la suit, l'oreille humaine est incapable de détecter si la vibration s'arrête avant ou après l'articulation de la consonne. Ainsi, [z] est imperceptible devant [s], [v] devant [f], [ʒ] devant [ʃ].

Les occasions de se tromper se multiplient du fait que les consonnes /d/ et /t/ sont des occlusives (plosives), c'est-à-dire des phonèmes caractérisés par la fermeture totale de la cavité buccale, empêchant pendant un bref instant toute émission de son. Lorsque de tels phonèmes se trouvent entre deux autres consonnes, les « phases » de fermeture (mise en position) et d'ouverture (relâchement) qui permettent de les reconnaître sont absentes[4]. On n'entend donc pas la marque du prétérit si la base verbale se termine par une consonne et que le terme suivant commence par une consonne.

They pass(ed) the shop without stopping.

I plan(ned) my day carefully.

La disparition de ED dans de tels contextes affecte aussi l'emploi adjectival des participes passés : *a balanced diet* ['bləns(t) 'daɪət], *a slipped disk* ['slɪp(t) 'dɪsk][5]. Ce phénomène phonétique s'ajoute aux problèmes tenaces que rencontrent les apprenants dans la construction des composés : problème de l'ordre des termes (*a wrecked train / a train wreck*), problème de la construction grammaticale (*the stressed syllable / the stress pattern*).

2. Transformations

Une autre propriété des « alvéolaires » (prononcées en plaçant le bout de la langue juste derrière les dents supérieures) que sont /z/, /s/, /d/ et /t/ est leur versatilité. Le bout de la langue est la partie la plus mobile de l'appareil articulatoire, ce qui rend cette position particulièrement fragile, car, pour économiser de l'énergie (inconsciemment, bien sûr), on a tendance à anticiper le point d'articulation de la consonne suivante, tout en maintenant les autres traits de la consonne d'origine pour que celle-ci soit reconnaissable. C'est ce qui explique la prononciation courante de mots comme *football* [fʊpbɔːl] : devant la bilabiale /b/, l'occlusive sourde alvéolaire /t/ est remplacée par l'occlusive sourde bilabiale correspondante /p/[6].

En ce qui concerne les marqueurs grammaticaux, ce phénomène est responsable de confusions comme les suivantes : *someone('s) shut the door* ; *the policeman was shot / the policemen were shot* (z → ʒ devant ʃ, le passage par une fricative sonore est inaudible).

---

4. Cette explication rend compte aussi de la « suppression » du /k/ dans *asked* et du /t/ dans *mustn't*.
5. En anglais américain, *skimmed milk* et *whipped cream* s'écrivent communément : *skim milk*, *whip cream*.
6. En diachronie, on comprend ainsi l'évolution d'un composé : ˈ*hand* [hænd] ˌ*kerchief* [kɜːtʃɪf] en mot simple : [ˈhæŋkətʃɪf] : le /d/ de *hand* disparaît entre deux consonnes, et la nasale alvéolaire /n/ se transforme en nasale vélaire /ŋ/ au contact de la vélaire /k/ qui suit.

3. Implications didactiques

Il faut bien comprendre que les effacements et transformations dont il est question dans cette section font partie du système phonétique de l'anglais. Aucun anglophone ne perçoit les sons élidés ou neutralisés. Il ne sert donc à rien de faire des exercices de discrimination auditive avec une réalisation exagérée de ces sons. Il n'est pas non plus utile de présenter en classe les faits techniques. Mais si l'enseignant comprend les mécanismes en œuvre il sera mieux à même de guider ses élèves en proie à des difficultés de reconnaissance.

Lorsque les oppositions grammaticales concernées sont introduites, il est recommandé de commencer par des formes dépourvues d'ambiguïté sur le plan phonétique et de faire prendre conscience des éléments du contexte qui participent à l'interprétation, avant d'introduire des séquences potentiellement ambiguës où ces mêmes éléments contextuels jouent pleinement leur rôle. Par exemple, si la nouvelle leçon porte sur la structure LIKE VING, travailler d'abord sur : *I like dancing, my brother likes playing football*, avant de passer aux verbes commençant par /s/ (*skiing, singing...*) devant lesquels la marque de troisième personne est inaudible. De telles précautions peuvent sembler évidentes, mais en pratique, on trouve de nombreux manuels où l'exemple donné pour illustrer la leçon est ambigu à l'oral. L'enseignant qui n'a pas à l'esprit les manifestations phonétiques qui se produisent à la frontière des mots risque de négliger une source de confusion fréquente pour les élèves.

III. Liaisons

Un autre problème qui se pose à la frontière des mots, même lorsque tous les sons sont parfaitement audibles, est celui du découpage. En anglais, comme en français, on fait la liaison entre une consonne finale et une voyelle initiale, de sorte que, à l'écoute, on ne sait pas à quel mot « appartient » la consonne médiane (*petit tas = petit "a"*) : seul le sens permet d'établir une frontière au bon endroit. Conjuguée au phénomène de réduction vocalique dans les marqueurs grammaticaux, cette difficulté entraîne souvent des erreurs d'interprétation. La séquence ['weərə'maɪ] est commune à : *Where am I (to sit)?* ; *Where are my (socks?)* ; *where a migh(ty tree once stood)...*

> Le bon choix ne s'imposant que tardivement dans l'énoncé, il faut apprendre à se méfier de ses premières impressions, en conservant la suite sonore en mémoire de manière à pouvoir rectifier une interprétation incohérente. De tels retours en arrière sont quasi-automatiques dans une langue qu'on maîtrise, mais peu naturels tant que la compréhension reste au stade du déchiffrage.

C'est ce que révèlent des erreurs relevées dans des copies d'étudiants à l'occasion d'exercices de dictée :

a) *Now if I did that* [naɪfaɪdɪdðæt] ... → *I fight it that*, grammaticalement impossible

b) *I moved back to him, I said : Look…* [bæktʊəmaɪsed…] → *I moved back to my???*, reconnu comme impasse dans la reconstruction.

c) *… the fine balance I must strike* [aɪməs(ts)traɪk] → **I'm a strike*, dépourvu de sens.

Comme les séquences de la forme voyelle-consonne-voyelle pouvant donner lieu à de tels blocages sont extrêmement nombreuses, il est impossible de les énumérer. Puisque l'on ne sait pas à l'avance où se produiront les problèmes de découpage, c'est sans doute un état d'esprit qu'il convient de cultiver : lorsque la suite entendue ne permet pas de construire du sens, on recommence. Mais vu la nature fugitive de la parole, et l'insécurité des apprenants devant ce flux continu, vouloir instaurer une méfiance de soi supplémentaire peut paraître anti-pédagogique. Plus positive pourrait être une approche consistant à entraîner la mémoire auditive : reproduire une séquence de sons en continu, et ensuite l'insérer dans des contextes divers permettant d'y associer des interprétations cohérentes. Par exemple, après la suite [aɪməst] (cf. (c) ci-dessus), on pourrait trouver un verbe ou un nom : *I must try again, I must take my time, I'm a star, I'm a stupid fool.*

Il est également possible, en partant d'erreurs relevées, de susciter une réflexion sur ce qui est grammaticalement et sémantiquement possible dans les contextes produits, autrement dit, un travail d'anticipation dans les deux sens. Par exemple : après *I moved back to my…*(b), il faut un substantif, que la séquence sonore [sed'lʊk] ne fournit pas. De même, le verbe *fight* (a) est généralement intransitif, et en tout cas absolument incompatible avec une complétive en *that*[7]. Par ailleurs, la suite de la séquence : (*if I did that*), *I'd be just a temperamental woman*, devrait mettre sur la piste du conditionnel, c'est-à-dire, faciliter l'identification du segment /f/ avec le morphème *if*.

Néanmoins, l'agilité mentale que requiert ce type de retour en arrière *in vivo* ne s'enseigne pas. C'est l'intégration d'un ensemble de mécanismes de plus en plus étendu qui débouche à la longue sur la construction de garde-fous grammaticaux, permettant d'éviter les impasses. L'enseignant averti pourra comprendre l'origine des blocages, sans nécessairement pouvoir agir efficacement sur leurs causes.

IV. Confusions entre phonèmes

Jusqu'ici, nous avons considéré des obstacles à la compréhension provenant d'une méconnaissance des subtilités de fonctionnement de la langue orale, mais où la perception n'est nullement en cause. Il existe également un certain nombre de pierres d'achoppement bien connues qui ont pour origine une « surdité » aux sons de l'anglais particulière aux francophones.

---

7. De toutes façons, le [ðæt] entendu a sa forme pleine, ce qui n'est pratiquement jamais le cas de la conjonction. Or il n'y a guère de contextes où le démonstratif pourrait suivre le pronom *it*. On voit, dans cet exemple simple, toute la complexité de la grammaire orale dont la maîtrise implique l'intériorisation de paramètres nombreux.

C'est dans ce domaine des interférences entre systèmes phonologiques qu'il devient impossible de dissocier production et reconnaissance : on ne perçoit comme différent que ce qui est fonctionnellement distinctif. Or les distinctions significatives retenues par les deux langues ne dépendent pas des mêmes critères. De ce fait, le francophone a appris à occulter certains facteurs qui sont déterminants en anglais ou, au contraire, risque de percevoir des oppositions que le système anglais neutralise. Par exemple, ni la longueur ni la tension musculaire ne servent à distinguer entre les voyelles du français. C'est pourquoi les oppositions ɪ/iː et ʊ/uː sont si difficiles à percevoir, alors que le [ɫ] vélaire de *self*, *milk*, n'est souvent pas reconnu, tellement il ressemble peu à ce que « devrait » être un /l/. Comme le système phonologique de la langue maternelle se met en place très tôt et ne fait jamais l'objet d'un apprentissage conscient, on a du mal à reconnaître des oppositions qu'on ne sait pas réaliser et inversement.

Pour rester dans l'esprit des sections précédentes, nous commençons par décrire des erreurs de compréhension, mais les remèdes préconisés passent, du moins en partie, par des exercices de prononciation.

1. Les consonnes[8]

La plupart des phonèmes consonantiques de l'anglais existent aussi en français. Parmi ceux qui sont spécifiques à l'anglais, les affriquées /tʃ/ et /dʒ/ sont composées de sons qui apparaissent dans des mots français (*match, adjoint*...) et ne posent généralement pas de problème de compréhension. De même /ŋ/, emprunté avec les mots qu'il termine (*camping, parking, footing*...) est facile à reconnaître. Restent /r/, /ð/, /θ/ et /h/ qui, dans certains contextes, peuvent contribuer à brouiller la grammaire orale de l'apprenant.

– /r/ : Le /r/ intervocalique, bien qu'il ne soit pas facile à réaliser pour certains débutants, ne constitue un obstacle à la compréhension qu'à la frontière des mots, comme, potentiellement, n'importe-quelle consonne (voir §III. Liaison, ci-dessus). Par contre, après /t/ ou /d/ devant une voyelle, il est difficile de distinguer la liquide post-alvéolaire /r/ d'une fricative palato-alvéolaire /ʃ/ ou /ʒ/. C'est ainsi que le syntagme '*essential personnel*' a pu être transformé en * '*a central personnel*'. La différence phonétique est minime, [ɪˈsentʃəl] et [əˈsentrəl] étant très proches, mais il se trouve qu'en anglais, le nom *personnel* est indénombrable, donc incompatible avec l'article indéfini.

– /h/ : A côté de ce cas, qui reste marginal, les autres sont beaucoup plus envahissants. Les sons correspondant à <th> et à <h> en anglais n'ont aucune contrepartie en français et paraissent de ce fait échapper à une pratique raisonnée. En ce qui concerne le /h/, le soupir qui caractérise sa réalisation n'est pas reconnu comme son de la langue. Figurant obligatoirement en début de morphème, il ressemble, pour une oreille française, à un coup de glotte ou autre signe purement démarcatif, sans valeur phonologique. Ainsi

---

8. Voir Fiche n° 2, ci-après, pour un rappel des lieux et modes d'articulation des consonnes.

se confondent aisément de nombreuses paires minimales : *eat / heat* ; *ill / hill* ; *art / heart* ; *old / hold*... La plupart du temps, le contexte n'admet qu'une interprétation, mais comme nous l'avons constaté dans d'autres domaines, les connaissances des apprenants ne sont pas toujours suffisantes pour imposer le bon choix. L'absence de distinction entre /h/ et Ø est notamment responsable pour moitié de la confusion persistante entre *whole* [həʊl] et *all* [ɔ:l] ; si les différentes manières de référer à la totalité posent tant de problèmes d'acquisition, c'est certainement dû en grande partie à cette proximité phonétique entre les marqueurs.

- <th> : Les réalisations de <th> ne sont pas difficiles à produire, et contrairement à ce que laissent supposer certains exercices souvent proposés, ce n'est pas l'opposition entre sourde /θ/ et sonore /ð/ qui pose problème, mais la reconnaissance/production de ces deux phonèmes dans le voisinage de /s/ et /z/. Comme on peut le constater en consultant la table comparative des consonnes ci-après, ces deux dernières fricatives n'ont pas la même articulation dans les deux langues : elles sont dentales en français, alvéolaires en anglais. Etant donné que le lieu d'articulation de /s, z/ en français se trouve entre celui de /θ, ð/ et celui de /s, z/ en anglais, les habitudes acquises des francophones les empêchent de distinguer clairement entre ce que sont des phonèmes contrastés en anglais. C'est ce qui explique une erreur de compréhension comme la suivante : *the death at sea* ['deθət'si:] (*of the newspaper tycoon...*) →*the desert sea* ['dezət'si:].

Comme, par ailleurs, /ð/ s'entend à l'initiale de plusieurs déterminants et déictiques en anglais (*the, this, that, then, there*) et que /z/ et /s/ sont des marqueurs grammaticaux omniprésents, ces phonèmes se trouvent souvent en contact à la frontière de mots décisifs. L'incapacité de les distinguer peut dès lors entraîner d'assez importantes confusions grammaticales.

- *Where's the cat ?* ['weəzðə'kæt] / *When does the* [dəzðə] *store shut?*
  Here comes the bus. / *There's the new teacher.* / *What's the matter?*

L'apprenant qui ne fait pas la différence entre /z/ et /ð/ ne réalise et donc n'entend qu'un son unique à la place des deux de l'anglais. L'omission de l'un des deux rend tous les énoncés ci-dessous irrecevables :

- aussi bien ['weəzə'kæt] (**where's a cat*) que ['weəðə'kæt] (**where the cat*) sont agrammaticaux,
- **when does a* [dəzə] *store shut* est peu vraisemblable en tant qu'énoncé ; quant à ['wendəðə'stɔ:'ʃʌt], l'élision du /z/ de *does* donne à la phrase une allure de pluriel : *when do the stores shut?* [9],
- **here come the bus* n'est pas recevable ; *here comes a bus* ne signifie pas tout à fait la même chose que la phrase de départ.
- La phrase écrite : *there's a new teacher* comporte un *there* « présentatif » qui serait inaccentué à l'oral ; elle ne correspond donc pas à ['ðeəzə'nju:'ti:tʃə] avec un *there* déictique accentué.

---

9. Dans ce contexte, la marque du pluriel du nom *stores* ne s'entend pas pour des raisons déjà évoquées : [z] → [ʒ] devant [ʃ] et la consonne voisée est impossible à détecter lorsqu'elle est suivie de sa contrepartie sourde.

Fiche n° 2
Systèmes consonantiques de l'anglais et du français

Mode articulatoire		Occlusives			Fricatives		Affriquées		Liquides	Glissées
		Sourdes (non-voisées)	Sonores (voisées)	Nasales	Sourdes	Sonores	Sourdes	Sonores		
Lieu articulatoire										
Bi-labiales	Fr.	p	b	m						(w)
	Ang.	p	b	m						(w)
Labio-dentales	Fr.				f	v				
	Ang.				f	v				
Inter-dentales	Fr.									
	Ang.				θ	ð				
Dentales	Fr.	t	d	n	s	z			l	
	Ang.									
Alvéolaires	Fr.									
	Ang.	t	d	n	s	z			l	
Post-alvéolaires	Fr.				ʃ (chat)	ʒ(juge)				
Palato-alvéolaires	Ang.				ʃ (ship)	ʒ (measure)	tʃ (church)	dʒ (judge)	r	
Palatales	Fr.			ɲ(ligne)						j (hier)
	Ang.									j (yes)
Vélaires	Fr.	k	g							w (ouate)
	Ang.	k	g	ŋ (sing)						w (when)
Uvulaire	Fr.					R				
Glottale	Ang.				h					

72

Dans tous ces exemples, la mauvaise perception de la suite /zð/ entraîne celle du déterminant : A, THE ou ∅. Or, l'emploi des déterminants figurant parmi les points délicats à acquérir, l'élève qui ne reconnaît pas la succession de deux phonèmes ne sait pas non plus, la plupart du temps, quel déterminant s'impose. Un cercle vicieux s'instaure : perception défectueuse et grammaire instable se renforcent mutuellement.

Pour faire prendre conscience de l'importance de la distinction, il faut d'abord s'attaquer à sa réalisation, qui passe par une souplesse musculaire au niveau de la langue. Dans ce cas particulier, une véritable gymnastique est nécessaire pour apprendre à déplacer rapidement le bout de la langue d'avant en arrière, tel un serpent[10]. Une fois que les sons sont bien différenciés, il devient possible d'attirer l'attention sur les incompatibilités grammaticales.

– Dark /l/

Un dernier point, à cheval entre consonnes et voyelles nous servira de transition entre les deux rubriques : le /l/ dit « vélaire », ou « sombre » (dark ɫ). Contrairement aux consonnes /h/, /ð/ et /θ/, il n'est pas indispensable de savoir réaliser ce son pour éviter des ambiguïtés en s'exprimant. Par contre, en compréhension, le 'dark l' est souvent source de méprises dont l'enseignant doit être conscient. Entre une voyelle et une consonne, le phonème /l/ prend des qualités vocaliques : l'arrière de la langue se lève vers le voile du palais, à peu près comme pour prononcer la voyelle /u/. A l'audition, le son est fortement modifié, à tel point qu'on le prend souvent pour une voyelle. C'est ainsi que *self* [seɫf] est interpreté *safe* [seɪf], et *ultimate* ['ʌɫtɪmət], *automatic* [ˌɔːtə'mætɪk]. Le deuxième exemple, fréquent, montre à quel point on est prêt à déformer la réalité à partir d'une première impression erronée. En entendant [ʌɫ], l'oreille française déchiffre [au] et reconstruit, à partir de ['ʌɫtɪmət], [*autɪmət], qu'elle associe à tort à « automat ». Puisque la structure exige un adjectif, la forme grammaticalement appropriée bien que phonétiquement aberrante est choisie. Vraisemblablement, de telles erreurs ne peuvent être traitées qu'au coup par coup, mais il est utile que l'enseignant sache à quoi les attribuer.

2. Voyelles

C'est dans le domaine des oppositions vocaliques que les risques de confusion sont les plus nombreux et que, entre perception et production, un cercle vicieux s'instaure. L'exemple qui vient spontanément à l'esprit est le contraste /ɪ/ – /iː/ qui oppose un nombre considérable de paires minimales : *sit* / *seat* ; *live* / *leave* ; *ship* / *sheep*... Si le problème se limitait au domaine de la prononciation, il ne serait pas trop grave : seuls les enseignants de débutants, qui doivent fournir un modèle acceptable, sont tenus d'éliminer leur « accent français » ; chez les autres locuteurs francophones, celui-ci est considéré comme charmant et en soi (« coloration » des phonèmes) n'entrave pas la communication.. Mais à partir du moment où l'on trouve dans des copies des phrases incohérentes comme : *The Indians are leaving on reservations* ; *I felt this course last year*, on est obligé

---

10. Idéalement, de tels exercices devraient se faire au laboratoire de langue. Bien conçus et administrés par petites doses, ils peuvent avoir des résultats spectaculaires.

d'intervenir, car l'incapacité de distinguer phonétiquement entre des sons a un effet néfaste sur la maîtrise du lexique.

De telles erreurs rappellent celles de jeunes francophones évoquées au début de cet ouvrage où ce qui prime à l'écrit est un rendu de l'oral, abstraction faite de la morpho-syntaxe : *ces / ses* ; *on / ont* ; *et / est*... Dans les exemples anglais ci-dessus, ce rendu est en fait infidèle : [liːvɪŋ] ≠ [lɪvɪŋ], [felt] ≠ [feɪld], prouvant que la confusion entre les phonèmes est totale. L'expérience démontre que lorsqu'il en est ainsi, des exercices de pure discrimination auditive sont de peu de secours : les élèves reconnaissent l'intrus dans une série de plusieurs mots ou syllabes prononcées en succession (ex : *fit, sit, beet, hit*), mais isolément ou séparés par un plus grand intervalle, les sons se confondent de nouveau.

Les zones de confusion sont bien identifiées[11] et faciles à attribuer aux différences entre les systèmes d'opposition du français et de l'anglais. Les tableaux ci-après résument ces différences. En français, les voyelles de base sont assez également réparties autour du trapèze qui représente la cavité buccale : elles sont antérieures ou postérieures, fermées, mi-fermées, mi-ouvertes ou ouvertes. S'y ajoutent deux petites séries : les nasales : /ɛ̃/ (*hein*), /ɑ̃/ (*an*), /ɔ̃/ (*on*), et les voyelles antérieures arrondies : /y/ (*bu*), /ø/ (*bœufs*), /œ/ (*bœuf*), dont la seule à interférer sérieusement avec l'anglais est /œ/, à cause d'emprunts comme *club, lunch, fun*... Restent seulement sept ou huit voyelles qui occupent la place d'une vingtaine en anglais.

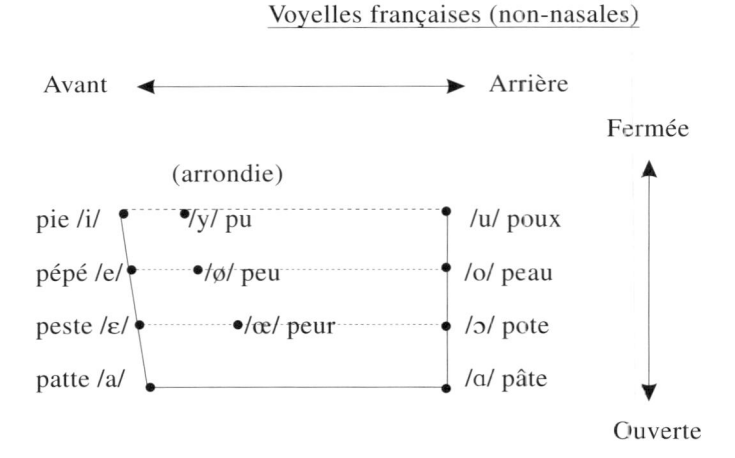

<u>Voyelles françaises (non-nasales)</u>

```
Avant  ←—————————→  Arrière
                                    Fermée
                                      ↑
         (arrondie)                   |
pie /i/•    •/y/ pu        •/u/ poux  |
pépé /e/•   •/ø/ peu       •/o/ peau  |
peste /ɛ/•    •/œ/ peur    •/ɔ/ pote  |
patte /a/•                 •/ɑ/ pâte  ↓
                                    Ouverte
```

---

11. Ces zones d'interférences ont été répertoriées et étudiées dans le détail par Wendy Halff, qui les a résumées sous forme du schéma reproduit dans notre Fiche n° 3. Cette section s'inspire de ses travaux.

Les sons

Outre les positions avant et arrière, l'anglais dispose d'une zone centrale, mais surtout, il existe des oppositions relevant d'autres facteurs physiologiques que la position de la langue ou le degré d'ouverture, parfaitement étrangers au français : la tension des muscles et la diphtongaison. Par conséquent, il n'est pas du tout surprenant que l'oreille française ait du mal à capter des distinctions auxquelles elle n'a jamais eu à prêter attention.

<u>Voyelles anglaises</u>

Voyelles anglaises simples   Diphtongues montantes

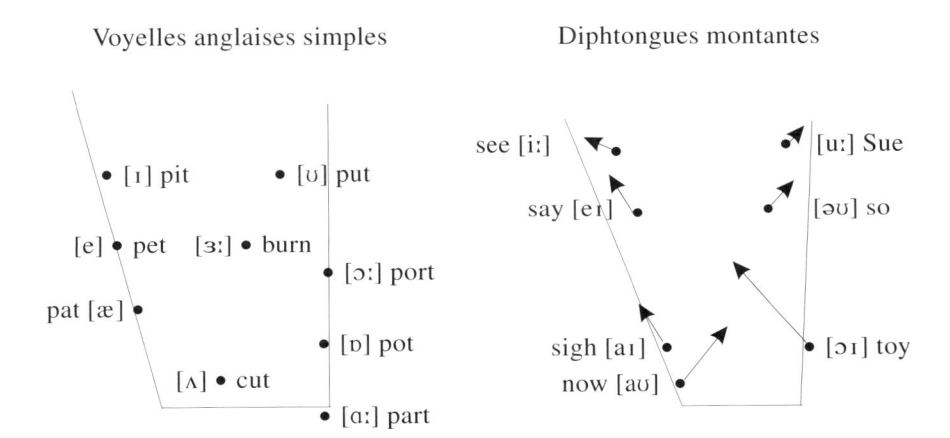

• [ɪ] pit   • [ʊ] put   see [iː]   • [uː] Sue

[e] • pet   [ɜː] • burn   say [eɪ]   [əʊ] so
                    • [ɔː] port
pat [æ] •
                    • [ɒ] pot
          [ʌ] • cut   sigh [aɪ]   • [ɔɪ] toy
                    • [ɑː] part   now [aʊ]

75

Fiche n° 3
Voyelles anglaises et françaises
Zones de confusion

Les phonèmes du français sont représentés par un point • sans crochets.
Les phonèmes de l'anglais sont representés par une croix (avec des crochets [ ].

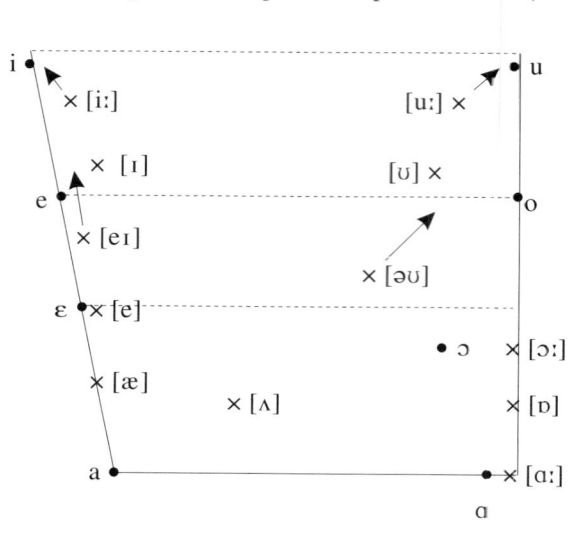

Problèmes :

1) La lettre <i> est prononcée /i/ en français, très près du [iː] anglais qu'on trouve dans *meet, meat, complete*. La même lettre <i> se réalise en anglais soit [ɪ], comme dans *sit, kit*, soit [aɪ], comme dans *site, kite*.

2) La voyelle française /a/ de *cape* et très proche de la voyelle anglaise [ʌ] de *cup, butter*. La voyelle anglaise [æ] de *cap* est bien plus fermée.

3) Les graphies suivantes correspondent au son [ɔː] de *more* en anglais :
<au>, <aw> : *daughter, paw*
<al(k)>, <ough(t)> : *talk, walk, bought, thought*

4) La graphie <ow> se prononce soit [aʊ] : *cow, how, now* ; soit [əʊ] *glow, flow, know*

5) La voyelle anglaise [e] de *bed* s'écrit toujours <e> ; la diphtongue [eɪ] s'écrit <a> (*cape, place*), <ai,ay> (*train, day*) ou <ei, ey> (*neighbour, grey*)

La sensibilisation aux différences doit sans doute faire appel au raisonnement, du moins à partir d'un certain âge. Avant d'envisager les moyens de cette sensibilisation, nous présentons les principales zones d'interférence, avec leurs conséquences pour l'intériorisation du système anglais.

Les sons

i:/ɪ : Là où le français dispose d'une voyelle antérieure fermée /i/ (l'avant de la langue remonte très près du palais, au point où on entend presque un sifflement chez certains locuteurs), l'anglais oppose une voyelle tendue légèrement diphtonguée à une voyelle relâchée articulée un peu plus en arrière[12]. Cette opposition n'étant pas pertinente en français, les élèves confondent, comme nous l'avons vu, les deux phonèmes de l'anglais. La confusion lexicale entre *live* et *leave* est loin d'être la seule qui en résulte : *he was *seating (≠ sitting) on a chair* ; *you must *deep (≠ dip) into the capital...* Une certaine proximité sémantique favorise ces erreurs, ce qui explique la substitution assez fréquente de *these* [ðiːz] à *this* [ðɪs] : **these film is very interesting*. Le travail correctif doit donc porter non seulement sur les propriétés phonétiques, mais surtout sur les aspects morpho-syntaxiques. Nous préconisons également (voir chapitre suivant) l'élaboration d'un système de correspondances entre forme écrite et forme orale.

e/eɪ : Dans la zone intermédiaire entre voyelles fermées et voyelles ouvertes, le français distingue deux phonèmes, dont la distribution dépend essentiellement du contexte : /e/ (*fée*) en syllabe ouverte et /ɛ/ (*fête*) en syllabe fermée. Certains locuteurs, mais pas tous, distinguent également entre *fée* et *fait*, *les* et *lait*, *mes* et *mais*, etc. En anglais, la voyelle simple /e/, qui ressemble beaucoup au /ɛ/ français, n'apparaît qu'en syllabe fermée (*bed, men, test, fetch...*). Pour la diphtongue /eɪ/, il n'y a pas de restriction contextuelle (*play, made, train...*), mais par analogie avec le français, beaucoup d'apprenants répugnent à insérer cette voyelle devant une consonne finale. C'est surtout devant /l/, dont nous avons déjà vu certaines particularités, que des difficultés de perception surgissent : *fail / fell* ; *sale / sell* ; *safe / self...*[13] Pour améliorer la production / reconnaissance de la distinction, il convient de signaler la nature complexe de la diphtongue /eɪ/ : passage d'un son à l'autre, fermeture de la bouche en cours de syllabe, perceptible visuellement aussi bien qu'auditivement. Parallèlement, un travail sur le lexique, notamment les verbes irréguliers (*fall/fell/fallen*, *feel/felt*, *sell/sold...*), avec une attention toute particulière à l'orthographe (voir chapitre 2 §I.3.), devrait aider les apprenants à ne pas dépendre trop de la seule perception.

æ/ʌ : Ces deux voyelles sont, en tant que phonèmes, absentes des autres langues européennes. En français contemporain, le phonème /a/ de *quatre* est très proche acoustiquement du /ʌ/ anglais de *cut*. Or cette voyelle est associée systématiquement à la lettre <a> dans le système français, ce qui n'est jamais le cas en anglais. La voyelle anglaise /æ/ de *cat* est articulée plus en avant et un peu au-dessus, entre le [ɛ] de *crème* et le [a] cardinal, avec les lèvres bien écartées, position que les francophones trouvent peu

---

12. Pour des recommandations concernant la réalisation des voyelles de l'anglais, voir les manuels consacrés à la prononciation : M. Ginesy, *Mémento de phonétique anglaise* ; R. Lilly et M. Viel, *La prononciation de l'anglais*.
13. C'est cette confusion qui a amené un interprète professionnel à traduire *edgy* [edʒi] (irritable) par « vieillissement », car il avait cru entendre *aging* [eɪdʒɪ(ŋ)].

naturelle. Les difficultés sont donc de deux ordres : articulatoires et phono-graphématiques, ce qui explique la quasi-impossibilité pour beaucoup de distinguer à l'écoute de nombreuses paires minimales, comme : *cap / cup, fan / fun, matter / mutter*[14]... Cette confusion a des conséquences néfastes dans le domaine de la grammaire puisqu'elle empêche d'identifier correctement à l'oral certaines formes verbales : *began / begun ; sang / sung ; drank / drunk ; ran / run ; rang / rung*. En discours, d'autres neutralisations interviennent qui peuvent déstabiliser des connaissance déjà fragiles en matière d'emploi des temps : *he sang ~ he's sung ; the boys ran into the room ~ the boy's running to the room*... Un travail raisonné sur les correspondances entre graphie et phonie n'aura qu'un effet partiel sur les problèmes de reconnaissance. Il faut apprendre à guetter dans le contexte des indices qui enlèvent l'ambiguïté : repères passés ou présents, référent singulier ou multiple...

ɒ/ɔː/əʊ. Ces oppositions posent d'énormes problèmes de production qui ont tout naturellement des répercussions en reconnaissance : *where have you been all day* [ɔːldeɪ] devient pour certains « *on holiday* » ou « **along day* » (/ɒ/), pour d'autres « *the whole day* » (/əʊ/). Contrairement au cas précédent, les sons ici diffèrent assez nettement, aussi bien entre eux que par rapport au français, ce qui devrait rendre moins aléatoire un travail de discrimination auditive. En particulier, la diphtongue /əʊ/ ne ressemble pas du tout à la voyelle fermée du français /o/, ni à la voyelle tendue /ɔː/ de l'anglais. Si les élèves confondent des paires minimales comme *caught / coat, bought / boat, law / low*, c'est principalement parce qu'ils ont pris de mauvaises habitudes de prononciation, relativement faciles à combattre.

Reste le délicat problème, déjà mentionné, de l'expression de la totalité : la distinction entre ALL et WHOLE, difficile à maîtriser au niveau syntaxique et sémantique à cause de l'interférence du TOUT français, se brouille davantage au niveau phonétique tant que l'opposition /ɔː/ – /əʊ/ n'est pas perçue. Lors du traitement de ce point de passage obligé de la grammaire, l'aspect phonologique doit être intégré au raisonnement. C'est ALL ([ɔːl]) qui s'apparente le plus à TOUT, de par sa place avant le déterminant et sa compatibilité avec un grand nombre de termes (*all right, all wet, all alone, not at all, all the same*...) ; phonétiquement, il appartient à une famille bien connue : *ball* (dont la voyelle partage la rondeur), *call, fall, small, tall*...). WHOLE est homonyme de *hole*, presque son contraire ; c'est essentiellement un adjectif, signifiant "entier" ; il s'oppose, entre autres, à *half* qui commence également par le son /h/.

Autres sons. Ponctuellement, on rencontre des erreurs de compréhension relevant d'autres phonèmes : /æ/-/e/ (*man / men*) ; /ʊ/-/uː/ (*pull / pool*) ; /ɒ/-/ʌ/ (*gone / gun*) ; /æ/-/ɑː/ (*pack / park*), mais dont les effets sur la connaissance de l'anglais sont beaucoup moins marqués. Il suffit que l'enseignant ait quelques

---

14. Dans des copies d'étudiants en licence d'anglais a été relevé à plusieurs reprises le mot inexistant *hamming au lieu de « *humming* », alors que l'extrait entendu traitait de musique et que ce terme s'insérait dans une énumération où « *singing* » et « *beating time* » ont été correctement rendus.

connaissances en phonétique pour détecter la source du problème ; sans doute n'est-il pas nécessaire d'envisager des actions préventives qui risqueraient de consommer du temps précieux sans être forcément bien ciblées.

Bien entendu, les différents obstacles à la compréhension que nous avons isolés et présentés en succession au cours de ce chapitre sont rarement isolés dans les textes. Plusieurs facteurs jouent en même temps pour faire dire aux élèves : « on ne comprend rien, ils avalent les sons... ». C'est pourquoi nous préconisons la prise en compte des aspects oraux à toutes les phases de l'enseignement, non pas en tant que leçons de phonétique – la phonétique, comme la linguistique en général, doit rester derrière le professeur – mais en tant qu'éléments de la progression.

Pour chaque nouvelle structure étudiée, on commence par des séquences non ambiguës à l'oral, et ensuite on introduit des exemples où certains sons disparaissent ou risquent d'être mal interprétés, éventuellement en attirant l'attention sur la difficulté phonétique, mais surtout en montrant que les sons qui manquent ne sont pas indispensables à la construction du sens, puisque d'autres indices bien audibles ailleurs dans le texte sont là pour guider l'interprétation. (voir Activités de découverte VI)

Chapitre 2

Les correspondances entre orthographe et prononciation

Puisque la langue forme un tout et que les « quatre compétences » (« *four skills* ») ne peuvent être acquises séparément, il est essentiel de montrer que langue écrite et langue orale ne s'opposent pas fondamentalement. Il est vrai, comme nous l'avons signalé à diverses reprises tout au long de cet ouvrage, que les marqueurs morphosyntaxiques ne se manifestent pas aussi distinctement à l'oral qu'à l'écrit, et que les indices qui guident l'interprétation ne se situent pas toujours là où on les attend. Néanmoins, le passage de l'écrit à l'oral ou de l'oral à l'écrit est possible et systématique quel que soit l'énoncé de départ.

En ce qui concerne les segments – c'est-à-dire, les sons pris individuellement – , l'anglais paraît à première vue posséder un code orthographique particulièrement anarchique. En témoignent de nombreux écrits, humoristiques ou doctes, d'innombrables propositions de réforme, les simplifications utilisées dans la publicité ou les bandes dessinées (*U-haul, lite, thanx...*), les erreurs types des jeunes anglophones. Et pourtant, récemment, des chercheurs[15] en France et ailleurs ont démontré qu'il existe un système de correspondances assez régulier et facile à décrire qui permet de prévoir la prononciation de la très grande majorité des mots écrits et de « deviner », avec une marge de choix limitée, comment s'écrit un mot nouveau entendu.

Il ne s'agit pas ici de fournir à l'état brut les diverses « règles » connues, mais plutôt de sélectionner celles qui, bien comprises et illustrées, permettraient d'éviter certaines erreurs fréquentes des élèves. L'objectif est toujours de faciliter la construction d'un système de fonctionnement qui intègre les phénomènes phonologiques.

Le premier grand écueil à éviter est, bien entendu, la transposition pure et simple d'un système de lecture français en anglais. Il semble assez ahurissant

---

15. A commencer par Lionel Guierre, dès le début des années 1970. Voir également les travaux de A. Deschamps, J.-L. Duchet, J.-M. Fournier, R. Lilly & M. Viel...

que des élèves puissent, lors de l'introduction de l'écrit après une initiation exclusivement orale, transformer le pronom de première personne *I* en [i]. La récitation de l'alphabet permet déjà d'associer la lettre <I> à la diphtongue [aɪ] et la voyelle fermée [i:] à la lettre <E>. De même, la lecture de <ch> devrait donner en anglais [tʃ] (*much, church, which...*), de préférence à [ʃ], qui n'apparaît que dans des emprunts (*machine, Chicago*), ce phonème étant rendu régulièrement en anglais par l'orthographe <sh>.

Un rappel rapide de l'histoire de l'écriture pourrait faire ressortir la nature conventionnelle de ces représentations. L'alphabet latin que nous utilisons avait déjà été adapté du grec pour représenter la langue des Romains. Celle-ci a évolué de différentes manières selon les régions pour devenir l'italien, l'espagnol, le portugais, le français, le roumain, etc. On sait que ces langues proches ont des systèmes phonétiques différents : pourtant les mêmes lettres sont utilisées pour représenter tous leurs sons. Lorsqu'on étend l'emploi des mêmes symboles graphiques à des langues encore plus éloignées phonétiquement, comme l'allemand et l'anglais, il est évident qu'on ne peut conserver un système de correspondances bi-univoques.

Il est vrai que l'histoire de l'anglais est complexe, avec des influences diverses qui ont laissé des traces dans la langue écrite, ainsi qu'un processus de diphtongaison qui a profondément modifié certaines voyelles longues à une époque où l'orthographe était déjà relativement figée[16]. Ces péripéties de l'histoire, assez passionnantes pour le linguiste, n'ont pas nécessairement leur place dans la classe de LVE, d'autant que leurs conséquences pour la langue contemporaine peuvent pour la plupart être intégrées dans une vue d'ensemble cohérente.

Nous prétendons – et la réaction des étudiants est à cet égard positive – qu'une pratique raisonnée du passage entre l'écrit et l'oral (dans les deux sens) est bénéfique à plusieurs titres. Outre les quelques points concernant la lecture des consonnes, on note surtout des avantages significatifs dans le domaine des voyelles : la faute d'orthographe la plus fréquente, le doublement abusif des consonnes (p.e. : *I'm *writting.., he *hopped to succeed..., *consonnant...*) s'élimine facilement ; certaines correspondances très régulières permettent d'améliorer la prononciation (p.e. : <au, aw> se réalisent toujours [ɔ:], jamais [əʊ], ni [aʊ]) ; les oppositions vocaliques difficiles à percevoir à l'oral ont des représentations orthographiques bien distinctes (p.e. : [ɪ] « famille des <I> »/ [i:] « famille des <E> », [æ] toujours <a> / [ʌ] jamais <a>...) ; la réalisation de la voyelle accentuée d'un mot de plusieurs syllabes est prévisible d'après la forme écrite (p.e. : *facetious* [fəˈsiːʃəs] / *serenity* [səˈrenɪti]...).

Après un rapide survol du système consonantique, nous reviendrons plus en détail sur les systèmes vocaliques[17], avec les implications didactiques qui nous semblent s'imposer.

---

16. 'The Great Vowel Shift'. Pour un compte-rendu succinct de ce processus, on peut consulter R. Lilly & M. Viel, *Initiation raisonnée à la phonétique de l'anglais*, §8.6.
17. L'emploi du pluriel est volontaire : en considérant que chaque voyelle graphique a quatre réalisations phonétiques « normales », nous pouvons dégager des rapports constants entre les quatre sous-systèmes ainsi constitués et leur environnement graphique.

I. Orthographe des consonnes

A quelques exceptions près, les correspondances entre orthographe et prononciation sont généralement les mêmes en français et en anglais. Cependant, les conditions qui provoquent telle ou telle réalisation ne sont pas les mêmes, et il existe de nombreux cas en anglais où une consonne écrite ne se prononce pas. Nous nous limitons ici aux principales causes d'erreur chez les apprenants, que nous essayons de situer à leur place dans un réseau de correspondances, sans jamais perdre de vue les liens son-sens qui nous servent de fil conducteur.

1. Sourde / sonore. La vibration ou l'absence de vibration des cordes vocales sert à distinguer des paires de consonnes identiques par ailleurs (voir Fiche n° 2). Dans certains cas, l'orthographe rend compte de cette opposition (b/p, d/t, v/f), dans d'autres une même graphie peut avoir les deux réalisations (<s> = [z] ou [s], parfois [ʒ] ou [ʃ] ; <th> = [ð] ou [θ] ; <x> = [gz] ou [ks]). Pour choisir la bonne réalisation en lecture, il faut disposer de connaissances complémentaires d'ordre lexical, morphologique ou étymologique. Des activités de classement permettent souvent aux élèves de dégager eux-mêmes les critères pertinents.

<th> L'observation de listes, constituées, par exemple, à partir de textes de lecture, fait émerger trois critères de distinction selon la position du graphème dans le mot :

- a l'initiale, suivi d'une voyelle, on prononce / entend [ð] dans les mots grammaticaux (*the, this, they, there, though*...), [θ] dans les mots lexicaux (*thing, thick, thumb, thief*...) ;
- devant ou derrière une consonne, et en fin de morphème, <th> se prononce [θ] (*through, health, both, ethnic*...)
- entre deux voyelles, on trouve [ð] dans les mots d'origine germanique (*mother, father, brother, other, weather*...), [θ] dans les mots d'origine greco-latine qu'on reconnaît grâce à leur ressemblance avec le français : *ether, sympathy, lethargy, method*...)

<x> C'est essentiellement la place de l'accent qui détermine la prononciation : [gz] avant une voyelle accentuée (ex'amine, ex'ist, ex'hausted...) et [ks] après ('exit, 'taxi, 'exercise...). La version non-voisée [ks] apparaît devant une consonne ('extra, 'next, ex'pect...).

<s> La situation est plus complexe, car, outre son rôle de désinence en fin de mot (pluriel ou génitif du nom, troisième personne du singulier du verbe au présent), dans d'autres positions, cette lettre peut changer de prononciation selon la partie du discours ou le contexte phonétique. Les manuels insistent souvent sur les trois formes prises à l'oral par le morphème s, proposant en général des exercices de repérage à partir d'enregistrements. Comme pour la discrimination vocalique, on peut douter de l'effet de tels exercices sur la production des apprenants. En réalité, ce qui préside au choix d'une forme est un principe d'économie : la réalisation normale du morphème s en fin de mot est [z]. Chaque fois qu'on peut, sans effort, ajouter ce phonème à la base, c'est ce qu'on fait (*days, tries, pans, loves*...). Mais après une consonne sourde, l'inertie naturelle de tout appareil physique rendrait trop coûteuse la mise en

marche des cordes vocales, c'est donc presque automatiquement la sourde [s] qui est produite (*cats, sleeps, laughs*...). Restent les cas où l'articulation du phonème qui termine le radical est trop proche de celle de [z / s] (fricatives alvéolaires) pour que la désinence s'entende clairement ; pour la rendre audible, on ajoute une voyelle (*roses, buses, watches, brushes*...). Pour découvrir ce principe d'économie, mieux vaut jouer avec l'appareil phonatoire (essayer de produire le son [z] à la suite de *cat*, de *brush*...) que braquer l'oreille à la recherche de distinctions dont personne n'est conscient[18].

Le problème du <s> intervocalique est tout autre, car il se prête nettement moins bien à une systmatisation. On peut attirer l'attention sur une tendance générale à voiser la consonne finale des verbes[19] : *a house* [haʊs] / *to house* [haʊz], *close* (adj) [kləʊs] / *to close* [kləʊz], *the use* [ju:s] / *to use* [ju:z], *rise* [raɪz], *raise* [reɪz], *choose* [tʃu:z], *lose* [lu:z] (≠ *loose* (adj) [lu:s]), *advise* [əd'vaɪz] (≠ *advice* [əd'vaɪs]), d'où l'hésitation orthographique entre *-ise* et *-ize* (*realis/ze, analys/ze, dramatis/ze*...). Cependant, il n'y a pas de justification facilement accessible pour les noms : pourquoi [s] dans *base* et *case* (qui riment avec *face*), mais [z] dans *nose* et *rose* ? Dans la position non-finale, la régularité est plus grande : <s> se prononce [s] sauf au début d'un « pseudo-morphème » : *desert, deserve, dissolve, resign* ont [z], *crisis, curiosity, disappear, exclusive*... ont [s][20]. Dans la mesure où l'on est obligé d'avoir recours à des listes plutôt qu'à des principes généralisables, il ne paraît pas indispensable d'introduire ces considérations, dont l'incidence sur la compréhension est minime, avant un niveau avancé.

2. Occlusive ou fricative / affriquée

Comme en français, <c> se prononce [k] ou [s] selon le contexte, les contextes étant les mêmes dans les deux langues (fricative devant <e>, <i> et <y> : *France, city, fancy*..., occlusive ailleurs). Pour <g> (= [g] ou [dʒ]), il faut en plus se soucier de l'origine du mot : certains mots courants d'origine germanique gardent le [g] devant <e> et <i> : *get, give, girl, finger, anger, hunger*. Mais on prononce [dʒ] dans *gentle, gesture, gym, angel, danger, fragile*... qu'on reconnaît comme apparentés au français.

Reste <ch>, normalement [tʃ], mais [k] dans les mots d'origine gréco-latine ; le partage n'est donc pas celui du français : [k] dans *school, chemistry, architect, archeology, technical, archives, anarchy, chorus, scheme*...[21]. Dans quelques mots empruntés au français, la prononciation [ʃ] est maintenue : *machine, champaigne* (qui retiennent également l'accent final), *Chicago, chauvinist*... Pour ces dernières exceptions, on note parfois chez les francophones une surgénéralisation de la règle : ['tʃɪkagəʊ], ['mætʃi:n] proviennent d'une tentative d'angliciser ces mots.

---

18. La réalisation de la terminaison –ED suit la même logique. A l'exception des occlusives alvéolaires [d, t], après lesquelles on doit ajouter une voyelle pour matérialiser la désinence, on ajoute [d] partout où on peut, et [t] après les consonnes sourdes autres que [t].
19. Cette tendance ne se limite pas au <s>, mais s'étend à d'autres fricatives : cf. *breath* [breθ]/*breathe* [bri:ð], *belief/believe*.
20. Voir J-L Duchet, *Code de l'anglais oral*, p.80, pour d'autres exemples.
21. Voir Duchet, op. cit, p.79-80

3. Consonnes muettes

Puisque certaines séquences de sons sont illicites en début ou en fin de mot, des lettres conservées dans l'orthographe pour des raisons étymologiques n'ont pas de contrepartie orale dans ces positions : <k> et <g> devant <n> (*knife, know, gnaw, sign*), <p> devant <s> (*psychologie, psalm*...), <b> et <n> après <m> (*comb, climb, thumb, hymn, solemn, autumn*). Les sons correspondants réapparaissent dans des formes dérivées : *ack̲nowledge, sig̲nature, bombard, solem̲nity*. Ce phénomène étant très régulier et concernant de nombreux mots relevant du vocabulaire de base, il est sans doute souhaitable de le faire découvrir à partir de l'oral, en comparant forme écrite et forme entendue.

Un phénomène inverse affecte la lettre <t> entre deux autres consonnes. En réalité, si le /t/ ne s'entend pas, c'est pour des raisons exposées plus haut (cf. §II.1) : cette occlusive alvéolaire est particulièrement fragile, puisque (a) les phases de fermeture et d'ouverture sont très atténuées et (b) le bout de la langue a tendance à anticiper la position de la consonne suivante. Elle devient donc inaudible dans des mots comme : *castle, whistle, listen, hasten, often, Christmas*, dans lesquels on considère désormais la prononciation du <t> comme une faute. Quant à *mustn't*, où le même processus phonétique est à l'œuvre, il faut veiller à ce que le <t> soit conservé dans la production écrite des élèves. Là encore, une sensibilisation à partir de l'oral peut être utile : on entend /t/ après /s/ devant un son vocalique (*faster, last week, he must have forgotten*), mais pas devant un son consonantique (*listen* [lɪsn], *last month, he must be asleep*).

<h> Ainsi que nous l'avons précisé dans le chapitre précédent, /h/ est une vraie consonne, qui sert à distinguer un grand nombre de mots. Il faut connaître par cœur la petite série de mots où le <h> initial est muet : *honest, honour* (et leurs dérivés : *honesty, honourable*...), *hour, heir*. On peut aussi se dispenser de prononcer le /h/ initial des mots grammaticaux inaccentués, sauf en début d'énoncé : *'Where have* [əv] *you 'been? / We 'haven't 'seen him* [ɪm] */ 'Give her* [ə] *the 'pencil*, mais : *He* [hi̲] (*took a 'day 'off*. Mais le vrai problème pour les francophones reste le phonème /h/, plutôt que la lettre <h> (voir chapitre 1, §IV.1.)

4. Entre voyelle et consonne

<l> Nous avons déjà eu l'occasion de voir que le phonème /l/ adopte certaines propriétés vocaliques lorsqu'il suit une voyelle. Dans l'évolution de la langue, ce trait a occasionné la suppression de la consonne dans certains contextes. Comme l'erreur de prononciation qui consiste à réaliser un /l/ qui devrait être muet est fréquente et gênante, il y a lieu de bien repérer les mots concernés, d'autant que les environnements phonétiques sont faciles à cerner. Premièrement, la voyelle qui précède est toujours d'arrière ([ʊ ; əʊ ; ɔː, ɑː]), et deuxièmement, la consonne qui suit est en position finale dans le mot. On obtient les séries suivantes :

– les auxiliaires modaux *could, should, would* (mais pas *shoul̲der, moul̲d*...) ;
– quelques mots terminés par une consonne labiale : *calf, half, calm, psalm*, où le /l/ s'amalgame au /a/, le transformant en [ɑː] ;

– l'ensemble des mots où <l> se situe entre <a> ou <o> et un <k> final : *balk, chalk, talk, walk, stalk*… ; *folk, yolk* (mais pas *milk, silk, Balcan, polka*). Dans ces cas, le /l/, avant de disparaître, « attire » la langue vers une plus grande fermeture : /a/ → [ɔː] ; /ɔ/ → [əʊ] (voir prononciation des voyelles, Chapitre 1, §IV.2)

<w> Vraie consonne en début de mot suivie d'une voyelle (*week, wear, wild*…), élément d'un digraphe vocalique après une voyelle (*saw, lawn, new, now, town*…), la lettre <w> placée en début de mot devant <r> ne se prononce pas : *write, wrong, wrench, wreck*… Dans les mots interrogatifs commençant par <wh>, la série *who, whom, whose* commence par le phonème /h/, alors que dans les autres (*what, when, where, why*), c'est /w/ qu'on entend (plus ou moins aspiré selon les dialectes). Ce partage ne va pas de soi, et mérite un peu d'attention. Il faut apprendre à distinguer, d'une part, entre le <w> pré-vocalique et postvocalique, et, d'autre part, dans le cas du <w> initial, entre ceux qui ne se prononcent pas et ceux qui se prononcent. La lettre <w> ne correspond au phonème /w/ que devant voyelle (*walk, wagon ; wish*…) ou dans des mots commençant par <wh> autre que *who, whom, whose* : *wheel, while, whisper, when, why*… Devant <r> et dans *who, whom, whose*, le <w> est purement « décoratif », comme le <p> de *psychology* et le <k> de *knife*. Quant au <w> qui suit une voyelle, il ne correspond à aucun son en particulier ; comme nous le verrons dans la section suivante, il alterne avec <u> pour former des « digraphes ».

<gh> Cette séquence n'a pas de statut stable dans le système orthographique de l'anglais. Suivie d'un <t> final, elle sert à marquer la tension de la voyelle précédente et ne se prononce pas (*light, fight, bright*…, *caught, taught, ought, thought*…, *eight, weight*… En fin de mot, ainsi que dans le mot *draught* (anglais britannique, US = *draft*), elle se prononce /f/ (*cough, laugh, enough, tough, rough*) ou ne se prononce pas (*high, weigh, through, thorough, borough*)[22]. Comme ces correspondances ne forment pas de classes faciles à définir, c'est sans doute en introduisant les éléments lexicaux, au cas par cas, qu'il convient d'attirer l'attention sur leurs bizarreries.

Dans l'ensemble, il est difficile de dégager un système cohérent de correspondances entre consonnes phonétiques et lettres de l'alphabet. Les apprenants commettent parfois des erreurs de lecture, par exemple en tentant de prononcer les lettres muettes, mais le travail raisonnée que nous préconisons dans ce livre, en vue de lier son et sens, n'est utile que sur quelques points : <th>, <l>, <wh>. Il en va tout autrement des voyelles, pour lesquelles la systématisation des rapports entre orthographe et prononciation permet d'éviter de nombreuses erreurs courantes et d'économiser des efforts de mémorisation.

---

22. Nous verrons que, pour les voyelles, le digraphe <ou>, et en particulier la suite <ough>, résiste à toute systématisation.

II. Orthographe des voyelles

Etant donné que l'alphabet latin n'offre que cinq caractères spécifiquement vocaliques, et que le système phonologique de l'anglais qui nous sert de référence comporte une vingtaine de phonèmes vocaliques[23], il est évident que la transcription de l'oral ne peut se faire de manière directe. Par ailleurs, les conventions de l'écriture ayant acquis une assez grande stabilité à une époque ou la langue parlée continuait d'évoluer de manière significative, certaines graphies qui représentaient à l'origine des sons voisins (variantes longue et brève, par exemple), correspondent désormais à des phonèmes fortement contrastés : i / i: → ɪ / aɪ (*Tim / time*). Néanmoins, des régularités existent qui, présentées aux apprenants assez tôt dans le cadre d'une pratique raisonnée, permettent de prévenir ou d'atténuer bien des erreurs parmi les plus persistantes. En même temps, faire émerger de l'ordre dans ce qui est généralement ressenti comme chaotique est à la fois rassurant et intellectuellement satisfaisant. Si la mémoire peut s'appuyer sur un système rationnel, pour ne retenir au coup par coup que les irrégularités, par définition très minoritaires, elle en devient d'autant plus efficace. Dans les pages qui suivent[24], nous mettons l'accent sur ce qui est assimilable par les élèves, en signalant au fur et à mesure de la progression l'intérêt didactique des faits exposés.

1. Le système de base

Dès le premier contact avec l'écrit, il est loisible de constater que chacune des cinq voyelles graphiques <a, e, i, o, u> a deux prononciations caractéristiques : celle qu'on trouve dans des monosyllabes terminées par une consonne (*man, bed, sit, hot, duck/put*[25]) et celle qui correspond à son « nom » lorsqu'on récite l'alphabet (*cake, meet, time, home, cute*). Nous appellerons la première série : « voyelles simples brèves » (*short simple vowels*) et la seconde « diphtongues montantes » (*closing diphthongs*)[26]. Ce constat donne un premier tableau de correspondances :

---

[23]. Le décompte exact varie selon la définition qu'on se donne du phonème, une certaine latitude pouvant intervenir quant à l'inclusion ou non des triphtongues [aɪə] et [aʊə], par exemple. Cette question théorique n'a pas d'incidence directe pour notre propos.

[24]. Cette section s'inspire très largement d'un document ronéotypé rédigé en collaboration avec Wendy Halff en 1983 : *Phonographematics – Facts and Pedagogical Suggestions*, Université Paris 7, Institut Charles V.

[25]. La prononciation normale de <u> devant consonne finale est [ʌ], mais il existe une sous-classe en [ʊ]. Il est à noter que dans certaines variantes de l'anglais, cette opposition n'existe pas, la prononciation étant [ʊ] dans tous les cas.

[26]. Cette catégorie inclut deux voyelles souvent classées comme « pures » par les phonéticiens : [iː] et [uː]. Ceux-ci reconnaissent toutefois que la réalisation, notamment en fin de mot, comporte une fermeture vers le haut (see ~[sij] ; who ~[huw]), contrairement aux autres voyelles longues [ɑː, ɜː, ɔː]. En ce qui concerne les relations graphie/phonie, ces deux voyelles sont bien à leur place ici.

Lettre (et digraphes apparentés)	Voyelle simple brève	Diphtongue « montante »
A (ai, ay)	[æ] man, cat, stand, candle	[eɪ] cake, table, day, train
E (ea, ee)	[e] bed, tell, send, letter, bread	[iː] scene, clean, see, thief
I	[ɪ] sit, kiss, little, winter	[aɪ] time, title, price, light, lie
O (oa)	[ɒ] hot, top, bottle, cost	[əʊ] home, rope, soap, toe
U (oo, ui)	[ʌ] cut, club, butter, lunch [ʊ] put, bush, butcher, book	[uː] tube, broom, juice, due

Dès ce stade, on peut envisager différentes exploitations didactiques.

1.1. Les oppositions difficiles

Si lexique, orthographe et prononciation sont toujours introduits simultanément, il est aisé d'attirer l'attention sur l'appartenance à des « familles » phonétiques. Les mots *sit* et *seat*, *live* et *leave* ne peuvent contenir le même son vocalique parce que les formes écrites <i> et <ea> n'appartiennent pas aux mêmes « cases », le second se prononçant comme la lettre E lorsqu'on récite l'alphabet, mais jamais le premier[27]. Il faut donc apprendre à relâcher les muscles des lèvres et de la langue pour prononcer *sit* et *live* et à les tendre pour dire *seat* et *leave*. Le son de *cat* exige un sourire, pour *cut*, on n'écarte pas les lèvres, mais on ne les arrondit pas non plus. Ainsi que nous l'avons signalé plus haut, les exercices de discrimination auditive sont peu efficaces ; un peu de gymnastique alliée à une prise de conscience du système orthographique peut par contre porter ses fruits.

1.2. E muet final

En fin de mot, le <e> muet a pour effet d'imposer la prononciation diphtonguée de la voyelle précédente lorsqu'il la suit directement (*lie, die, foe, toe, due, sue*) ou lorsqu'une consonne intervient (*cake, same, scene, these, fine, time, home, rope, cute, tube*), y compris lorsque <l> suit cette consonne : *table, title, noble, bugle*. Pour « bloquer » cette transformation, il faut ajouter une deuxième consonne « vraie »[28] (*angle, apple, single, little, bottle, uncle*). En voyant ou en entendant pour la première fois un mot comme *staple*, on ne devrait hésiter ni sur la prononciation ni sur l'orthographe correspondante. De même, il est impossible que *title* rime avec *little*[29].

---

27. Sauf dans des emprunts reconnaissables par ailleurs comme non intégrés dans le système phonologique de l'anglais : *machine, police fatigue* (accent final, <ch> → ʃ), *martini* (<i> final)…
28. Autre qu'une liquide /r/ ou /l/.
29. Le mot *triple* avec [ɪ] est une exception.

Il faut, bien entendu, réserver un sort particulier aux mots irréguliers les plus courants : *have, give, come, gone...*, qui n'obéissent pas à la règle. Selon le niveau, et le degré de trouble occasionné par ces exceptions, on peut se contenter de parler de l'usure du temps, en rappelant que, en français aussi, les formes irrégulières font généralement partie du vocabulaire de base, ou bien fournir des justifications historiques. L'anecdote qui accroche l'imagination sert parfois d'aide-mémoire, bien que, dans le cas de ces éléments extrêmement courants, appris très tôt, il n'est vraisemblablement pas utile de s'apesantir. On peut noter que bon nombre de ces termes se terminent par <-ve> (*have, live, give, love, glove, above...*), le <e> ayant été ajouté arbitrairement au moyen âge pour distinguer la consonne v de la voyelle u, pour lesquelles on utilisait le même signe graphique.

1.3. Les consonnes doubles

Une suite de deux consonnes, et plus particulièrement de deux consonnes identiques, cantonne la prononciation de la voyelle dans la première colonne. Il est donc impossible qu'une voyelle qui se prononce [aɪ] ou [eɪ], par exemple, soit suivie d'une double consonne à l'écrit : les oppositions *writing/written, hoped/hopped, ladle/paddle...* relèvent de cette règle. Divers exercices portant sur les formes verbales (voir Activités de découverte VII A, B, C) permettent de prendre conscience de son fonctionnement, et donc d'améliorer l'orthographe, tout en travaillant lexique et grammaire.

On note aussi que devant une séquence finale <-ge>, la lettre <d> s'insère après une voyelle brève, bien que la prononciation [dʒ] soit commune aux deux graphies : *badge* [bædʒ] (≠ *age* [eɪdʒ]) ; *ledge* [ledʒ] ; *bridge* [brɪdʒ] ; *nudge* [nʌdʒ] (≠ *huge* [hju:dʒ]). L'insertion de <t> devant <ch> semble avoir la même fonction : *satchel* (≠ *Rachel*), mais les exemples sont peu nombreux. En fin de mot, les mots grammaticaux ont <ch> : *which, much, such*, les noms et les verbes <tch> : *catch, match, fetch, ditch, witch, notch* (mais *rich*, importé du français). Après un digraphe représentant une diphtongue, ou lorsqu'une autre consonne précède <ch>, le <t> n'a pas à intervenir : *each, beach, teach, coach...* ; *bench, finch, punch...*

Le digraphe <ck> remplace le double <k>, non attesté, pour indiquer que la voyelle précédente est brève : *package, checkers, pickle, rocket, bucket*. De ce fait, il ne faut pas inclure un <c> dans des mots contenant une diphtongue : *bakery, Greek, joker...* En revanche, <th> fonctionne comme une unité simple, comme en témoignent des mots comme *clothe* [kləʊð] (≠ *cloth* [klɒθ]), *bathe, writhe...*

2. Les sous-classes

2.1. L'influence de /w/

La lettre <a> devant une consonne finale ou deux consonnes quelconques est très régulièrement prononcée [æ], sauf si le son précédent est /w/, qui provoque l'arrondissement des lèvres et donc celui de la voyelle, prononcée [ɒ] : *want, wash, was* (forme pleine), *watch, quantity, quality, swamp, squash...* Comme certains de ces mots sont indispensables, et que le phénomène articulatoire est facile à constater par l'apprenant lui-même, il paraît souhaitable de faire valoir que ce qui a l'air de violer une « règle » se justifie physiologiquement et s'applique à tout un ensemble d'éléments. A la rencontre de nouveaux termes de la série, des prédictions deviennent alors possibles, au lieu de la mémorisation au coup par coup, beaucoup plus aléatoire. Sans doute n'est-il pas nécessaire de pousser l'analyse jusqu'aux exceptions à la sous-règle (le prétérit *swam*, et le contexte <wa> + consonne vélaire : *wag, wax, quack*...), mais l'enseignant qui reconnaît qu'il y a une logique derrière cette répartition peut aider ses élèves à opérer des regroupements rationnels[30].

2.2. Les agrégats d'alvéolaires

Si la consonne finale et la double consonne médiane déterminent presque à cent pour cent[31] les voyelles brèves de la première colonne, certaines combinaisons de deux consonnes n'ont pas systématiquement cet effet. Et pourtant, on observe, à l'intérieur de ces « exceptions », des régularités, ou du moins des tendances, qui admettent des généralisations intéressantes, venant confirmer le caractère particulier des consonnes alvéolaires de l'anglais.

En effet, lorsqu'une occlusive alvéolaire finale (/d/ ou /t/) est précédée d'une autre alvéolaire (/l/, /s/ ou /n/), la voyelle est souvent une diphtongue, au lieu d'être simple comme le voudrait la règle des deux consonnes. C'est le cas dans les séries suivantes, faciles à faire découvrir et classer par les élèves eux-mêmes :

/ld/ : <i> → [aɪ] *child, mild, wild* (≠ *children*, <ld> non final)
      <o> → [əʊ] *old, bold, cold, fold, gold, sold, told*

/nd/ : <i> → [aɪ] *find, grind, mind, to wind* (≠ *the wind*)

/ndʒ/ : <a> → [eɪ] : *angel, danger, manger, change, strange*

/nt/ : <o> → [əʊ] *don't, won't*

/st/ : <o> → [əʊ] *ghost, host, most, post* (mais [ɒ] dans *cost, lost*)
     + <e> final : <a> → [eɪ] *chaste, haste, taste, paste, waste*

Alors que la réalisation [aɪ] de <i> dans ces contextes ne pose pas trop de problèmes aux apprenants, on sait au contraire à quel point il est peu naturel aux francophones de prononcer les diphtongues [eɪ] et [əʊ] dans une syllabe fermée. En attirant l'attention sur la nature particulière des contextes concernés, on peut espérer une amélioration. Il faut en particulier insister sur la prononciation de *don't* et *won't*, qui relèvent de la sous-catégorie présentée ici. On peut également justifier, à l'occasion, quelques réalisation exceptionnelles : *pint* (≠ *mint*), *Christ* (≠ *list*).

---

30. Nous verrons que l'influence de /w/ s'étend à d'autres contextes, parmi les voyelles simples longues « colorées par /r/ » (§4.2 ; 5.1).
31. L'exception à la règle de la consonne double concerne <ll> en fin de mot (*roll, poll* [əʊ] ≠ *doll, dollar, collar* [ɒ] ; *call, fall*... [ɔː] (*pallor, ballad* [æ]). Ce cas sera traité à la section suivante.

Fiche n°4
Rapports graphie-phonie
Quelques sous-classes : des régularités parmi les exceptions

Certains environnements phonétiques affectent les voyelles de manière prévisible.

1) L'influence de /w/ :

[æ] →[ɒ] (sauf avant /g/, /k/, /ŋ/ :	what (≠ bat) quality wag	was (≠ has) quantity quack	wander (≠ slander) squash swang [æ])	wash (≠ cash) squad	watch (≠ match)	want (≠ ant)
[ɑː] →[ɔː]	war (≠ far)	warn (≠ barn)	warm (≠ farm)	quart (≠ chart)	quarter (≠ starter)	thwart (≠ smart)
[ɔː] →[ɜː]	worm (≠ form)	word (≠ lord)	work (≠ pork)	worth (≠ forth)	worse (≠ horse)	worst

2) <l> suivi de <l>, <d>, <t> ou <k> final :

[æ] →[ɔː]	fall, call ball, tall, hall, wall (*mais* shall [ʃæl]) bald, scald, salt, Baltic walk, talk, chalk, stalk (N.B. le <l> est muet)
[ɒ] →[əʊ]	toll, poll, roll (mais doll [ɒ]) old, bold, cold, fold, gold, hold, sold, told bolt, colt, jolt folk, yolk (N.B. le <l> est muet)
[ɪ] →[aɪ] (parfois)	child, mild, wild (*mais* children, silk, milk… [ɪ]

3) Devant /n/ ou /s/ suivi de /d/, /dʒ/ ou /t/ (parfois) :

[æ] →[eɪ]	angel, danger, change, strange waste, paste, haste, taste
[ɒ] →[əʊ]	don't, won't (et aussi only) most, post, host (*mais* lost, cost [ɒ])
[ɪ] →[aɪ]	kind, mind, find, bind, to wind (exc : the wind [ɪ]) pint (mais print, hint… [ɪ]) Christ (*mais* Christmas, list, fist… [ɪ])

3. Les digraphes vocaliques

Les diphtongues, qui sont des combinaison de deux voyelles phonétiques au sein d'une même syllabe, sont souvent représentées à l'écrit par deux voyelles graphiques. Comme pour les voyelles simples, les correspondances entre graphie et phonie sont assez systématiques, ce qui nous autorise à les ranger par « familles » avec les voyelles simples correspondantes (voir Fiche n° 5). Ainsi, <ai, ay>, <ei, ey> appartiennent à la « famille des A », car ils sont très régulièrement prononcés [eɪ] : *main, train, braid..., say, bay, stay..., reign, skein, weigh..., they, obey, prey...* Les exceptions sont en petit nombre, les principales étant : *said, says* [e] ; *quay, key* ([iː]) ; *plaid, plait* ([æ]).

E-family : Dans la « famille des E », outre <ee>, toujours [iː], on trouve <ie>[32], normalement [iː], (sauf dans *friend* [e] et *sieve* [ɪ]), et sa variante après le son /s/, <ei> (*conceive, receive, seize*).

Le digraphe <ea> présente la particularité de se prononcer assez souvent [e], soit la variante simple et non diphtonguée de la famille : *bread, head, death, weather, measure, treasure, meant, breast...* Il n'y a pas de « règle » pour départager les deux réalisations, mais il paraît important de ne pas laisser s'installer la confusion à ce niveau car les erreurs seront par la suite difficiles à éradiquer. Par exemple, on observe qu'un certain nombre de verbes irréguliers sont caractérisés par l'alternance vocalique [iː] dans la base verbale / [e] dans le prétérit : *bleed/bled, feed/fed, meet/met, sleep/slept, keep/kept... ; dream/dreamt, mean/meant, read/read, lead/led, leave/left.* Dans cette série, *read* représente un cas complexe, car rien dans l'orthographe ne signale le changement de forme : pour tous les autres verbes, soit la suffixation (ex. *dream*), soit la modification de la voyelle écrite (ex. *feed*), soit les deux (ex. *keep, leave*) guident le lecteur. Cependant, le phénomène phonétique est identique dans tous les cas : lorsque le verbe se termine par /d/ ou /t/, on change simplement la voyelle, sinon, on ajoute /t/ avec le même changement vocalique. La verbalisation de ces propriétés communes à une vingtaine de verbes courants servirait sans doute à consolider des connaissances, et incidemment à montrer qu'entre les verbes *read* et *lead*, c'est *read* qui fait exception (le nom *lead* [led] n'entrant pas du tout dans le système verbal).

O family : Les digraphes qui se prononcent [əʊ] sont <oa> (exceptions : *broad, abroad* [ɔː]) et <ow>, qu'on ne peut toutefois pas intégrer complètement à la « famille des O », car il a une deuxième prononciation au moins aussi fréquente : [aʊ] (voir ci-après). D'un point de vue pédagogique, aucun raisonnement ne permet de prévoir la prononciation de *below, bow* (nœud, arc), *crow, low, own, bowl, row* (rangée). En revanche, on peut utilement regrouper les verbes : *blow, flow, glow, grow, know, mow, show, sow, throw*, avec, en ce qui concerne les irréguliers de la liste, leurs participes passés : *blown, grown, known...* En outre, en

---

32. En fin de mot, comme dans *die, lie, tie*, on n'a pas le digraphe <ie>, mais la voyelle simple <i> suivie d'un <e> muet. Il y a également un certain nombre de mots où le <e> qui suit <i> n'appartient pas à la même syllabe : *diet, quiet, variety, society...*

position finale inaccentuée, <ow> se prononce toujours [əʊ] : *window, fellow, follow, yellow, hollow, shallow*...

U family : Dans la dernière « famille », celle de U, les digraphes se comportent de manière un peu différente du <u> simple, qui compte quatre réalisations de base alors que les autres voyelles n'en connaissent que deux. Du côté des voyelles brèves, on note une répartition entre [ʌ], la plus fréquente, et [ʊ], limitée à certains contextes phonologiques[33] qui concernent une vingtaine de mots, dont : *bull, bullet, full, pudding, pull, bush, push, bushel, put, butcher, cushion, sugar*. Le digraphe <oo> étend cette prononciation à d'autres contextes, notamment devant /d/ et /k/ : *book, cook, look, took, good, wood, stood, wool*... Très exceptionnellement, ce digraphe se réalise [ʌ] : *blood, flood* (exceptions qui restent néanmoins dans la « famille des U »).

La réalisation diphtonguée ([u:] ~ [uw]) de la lettre <u> est très souvent précédée du son [j] : *cute* [kju:t], *bugle* [bju:gl], *tune* [tju:n]..., mais pas après /r/, /ʒ/ ou /ʃ/ : *rude* [ru:d], ni, optionnellement, après /l/ et /s/ : *Lucy* [l(j)u:si], *super* [s(j)u:pə]. Les digraphes <ui>[34] et <ew> suivent cette répartition : *new* [nju:], *suit* [s(j)u:t], *lewd* [l(j)u:d], *juice* [dʒu:s]... Par contre, la variante longue de <oo> ne s'accompagne jamais de [j] : *broom* [bru:m], *cool* [ku:l], *food* [fu:d], *stool* [stu:l], *pool* [pu:l].

Il convient de noter ici que les phonèmes concernés par la « famille des U » posent aux élèves des problèmes qui ne sont pas immédiatement solubles en raisonnant sur les rapports entre phonie et graphie. L'opposition [ʊ] / [u:] (*pull / pool, full / fool, good / food*...) est analogue à celle qui existe à l'avant entre [ɪ] et [i:], mais beaucoup moins cruciale pour le fonctionnement de la langue. Peu productive en anglais, elle n'est même pas réalisée par l'ensemble des locuteurs anglophones (en Ecosse, par exemple, elle se neutralise). En ce qui concerne l'opposition [ʌ] / [ʊ], également neutralisée par un grand nombre d'autochtones, elle n'est pas difficile à percevoir ; en production, il suffit d'apprendre par cœur la petite série de mots où <u> a conservé sa réalisation ancienne [ʊ] en syllabe fermée. La difficulté majeure pour les francophones réside dans la réalisation du phonème [ʌ], qu'il faut bien distinguer du [œ] français (*club, fun*...). Le meilleur moyen, si l'on ne craignait pas d'introduire la schizophrénie en classe de langue, serait sans doute de prononcer le [a] français de *latte, panne, gaffe*..., tout en associant ce son à la lettre <u> pour l'anglais (*fun* en anglais ressemble à *fan* prononcé à la française).

Après ce tour d'horizon du système de base, où à chaque lettre de l'alphabet correspondent deux prononciations caractéristiques, il convient de le compléter, d'une part, en ajoutant de nouveaux contextes orthographiques, et, d'autre part, en examinant le rôle de la morphologie.

---

33. Entre une labiale et une alvéolaire orales (= non nasales), <u> a tendance à se prononcer [ʊ].
34. La séquence <u> <i> ne constitue pas toujours un digraphe. Parfois, le <u> se lit avec la consonne précédente (*guide, quick*...), parfois il forme une syllabe différente (*ruin, druid*...).

4. L'influence du <r> post-vocalique

Aux prononciations simples et diphtonguées définies ci-dessus, correspondent deux nouvelles séries qui remplacent les précédentes lorsque la lettre <r> apparaît dans l'orthographe. En cas de <r> final ou suivi d'une autre consonne, chaque voyelle a une réalisation « simple longue » caractéristique ; lorsque <r> remplace une autre consonne devant <e> muet final ou après un digraphe, la diphtongue se centralise.

Voyelles colorées par /r/

Lettre (ou digraphe apparenté) suivie de <r>	Voyelle simple longue	Diphtongue « centripète »[35]
A (ai)	[ɑ:] car, far, farm, startle	[eə] care, fair, stairs (bear)
E (ee, ea)	[ɜ:] prefer, fern, certain, earth	[ɪə] here, beer, clear
I	[ɜ:] fir, bird, first, girdle	[aɪə][36] fire, tired
O (oa)	[ɔ:] pork, corner	[ɔ:][37] more, boar, (four)
U (oo)	[ɜ:] fur, turn, curtain, burst	[ʊə] cure, sure, poor

4.1. Diphtongues sous l'influence de /r/

Il est frappant d'observer la similarité entre les diphtongues de la dernière colonne ci-dessus et leurs homologues du système de base. Partant du même lieu d'articulation, elles s'orientent vers la position centrale [ə], proche du [r] rétroflex, au lieu de glisser vers une plus grande fermeture : [eɪ] + /r/ → [eə] ; [i:] ~ [ɪi] + /r/ → [ɪə] ; [aɪ] + /r/ → [aɪə] ; [u:] ~ [ʊu] + /r/ → [ʊə]. Les contextes où elles apparaissent sont les mêmes, avec pour seule différence <r> à la place d'une consonne simple :

– devant <e> muet final :
    [eɪ] came, bake [eə] care, bare
    [i:] scene [ɪə] here
    [aɪ] fine [aɪə] fire
    [ju:] cute [jʊə] cure

– pour traduire un digraphe de la même « famille »
    [eɪ] train, vein [eə] fair, heir
    [i:] green, clean [ɪə] beer, clear
    [u:] soon [ʊə] poor

Le cas de [ɔ:] reste un peu à part, aussi bien du point de vue articulatoire que de celui des graphies correspondantes. Un paragraphe particulier lui est réservé. (§5.1.)

---

35. Le terme est emprunté à R. Lilly et M. Viel. En anglais, on parle de « centring diphthongs », caractérisées par un élément final proche du [ə].
36. Cette triphtongue est facilement décomposable en la diphtongue [aɪ] de *time*, suivie d'un [ə] qui indique l'influence du /r/.
37. Cette voyelle résulte de la simplification d'une diphtongue [ɔə], utilisée encore par certains locuteurs.

Quant aux digraphes vocaliques <ea> et <oo>, ils ont, comme dans le système de base, un comportement un peu erratique, dans le sens où ils ne sont pas fidèles à leur famille d'origine : <ear> fait des incursions dans la « famille des A », avec *bear, pear, to tear...* [eə] (≠ *near, a tear* [ɪə]), et très exceptionnellement *heart, hearth* [ɑː] (≠ *earn, heard* [ɜː], voir ci-dessous). La suite <oor> est attirée par la « famille des O », comme en témoignent les mots *door* et *floor* [ɔː], et, pour un assez grand nombre de locuteurs, *poor* prononcé [pɔː][38]. Il peut être amusant de faire constater aux élèves que, à côté d'un fonctionnement régulier, ces prononciations exceptionnelles sont néanmoins en rapport avec l'orthographe : <ea> a comme second membre <a>, <oo> se compose de <o>.

4.2. Voyelles simples longues

On observe ici un système à trois éléments, à comparer aux six des voyelles brèves. En termes articulatoires, on note que ces trois voyelles n'occupent que le quart de la cavité buccale, alors que le système qu'on a appelé « de base », fait le tour de cet espace. Ceci s'explique par l'articulation du /r/ « rétroflex », où la langue est en recul avec le bout recourbé vers le palais, mouvement qui « déteint » sur la réalisation de la voyelle précédente. Dans les dialectes où ce /r/ post-vocalique ne se prononce pas (sauf en position de liaison, voir §6.1), le bout de la langue s'éloigne du palais, entraînant une ouverture supplémentaire qui aboutit pour les voyelles primitivement fermées, au phonème parfaitement central : [ɜː] (*first, term, burn*...). Pour les voyelles déjà ouvertes, on obtient une ouverture maximale, à l'arrière : [æ] → [ɑː] et [ɒ] → [ɔː], très arrondie pour optimiser la distinction.

[ɜː] : A l'intérieur de ce mini-système, la voyelle [ɜː] est réservée aux syllabes accentuées comportant un <r> orthographique, soit en fin de morphème, soit devant une autre consonne. Ceci a de nombreuses implications didactiques :

- doublement du <r> : Comme pour les voyelles brèves, lorsqu'on ajoute un suffixe commençant par une voyelle, on doit doubler la finale de la base afin de conserver une voyelle simple : *stir* [stɜː] + *ed* = *stirred* [stɜːd] ; *prefer* [prɪˈfɜː] + *ed* = *preferred* [prɪˈfɜːd] ; *occur* [əˈkɜː] + *ing* = *occurring* [əˈkɜːrɪŋ]. On contrastera ainsi *stirring* [stɜːrɪŋ] à *hiring* [haɪərɪŋ], *occurred* [əˈkɜːd] à *cured* [kjʊəd] (de même que *starred* [stɑːd] à *stared* [steəd]). Cependant, lorsque la syllabe finale ne porte pas l'accent principal, sa voyelle est réduite, et le doublement n'a pas lieu : *cover* [ˈkʌvə] + *ed* = *covered* [ˈkʌvəd] ; *preference* [ˈprefərəns], *anchor* [ˈæŋkə] + *ing* = *anchoring* [ˈæŋkərɪŋ]...

- <rr> inter-syllabique : A l'intérieur d'un même morphème, le double <r> se comporte comme toute autre consonne double, la voyelle qui précède est brève : *mirror* [ˈmɪrə] (cp. *middle*), *merry* [ˈmeri] (cp. *belly*), *hurry* [ˈhʌri] (cp. *button*). De même, *marry* se prononce [ˈmæri] (avec la même voyelle

---

38. En fait, les phonéticiens constatent une tendance générale à transformer [ʊə] en [ɔː], quelle que soit l'orthographe. Ce phénomène est trop récent dans l'évolution de la langue pour qu'on puisse le systématiser. Il n'est donc pas utile de s'en soucier dans l'enseignement.

que *Sally*) et *sorry, tomorrow* ont la même voyelle accentuée que *follow* [ɒ]. Il y a donc lieu de s'interroger sur l'origine du double <r> : s'il fait partie de l'orthographe « primitive » à l'intérieur du mot, la voyelle précédente est brève ; s'il résulte du doublement d'un <r> final devant suffixe, la voyelle est longue (colorée par /r/). Mais dans tous les cas, une voyelle suivie d'une double consonne est simple ; jamais une diphtongue n'apparaît dans cette configuration.

– <VrC> : C'est lorsque le <r> est suivi d'une autre consonne que les voyelles simples longues apparaissent avec une régularité quasi-absolue. Il est donc inadmissible d'entendre en lecture autre chose que [ɜː] dans des mots comme *murmur* ['mɜːmə], *emerge* [ɪ'mɜːdʒ], *observe* [əb'zɜːv], *first* [fɜːst][39]. Même le digraphe <ea>, qui, comme nous l'avons déjà vu, reçoit parfois la prononciation brève dans la « famille des E », est normalement prononcé [ɜː] devant <r> plus consonne : *early, earth, learn, search*... Dans cette série, le mot *beard* [bɪəd] est donc exceptionnel, tout comme *heart* et *hearth* [ɑː] (voir ci-dessus, §4.1.), et l'étudiant qui prononce *nearly* comme *early* surgénéralise la règle, en ignorant la frontière de morphème entre *near* et le suffixe *ly*.

Le même phonème [ɜː] se réalise très régulièrement lorsque la voyelle <o> est précédée de <w> dans ce contexte : *word, work, world, worm, worse*... Il s'agit là d'une sous-classe homogène composée de mots courants que les élèves peuvent regrouper pour trouver eux-mêmes la généralisation appropriée : par exemple, *work* rime avec *Turk* et *jerk*, pas avec *fork*. Le mot *sword* [sɔːd] ne fait pas partie de cette sous-classe puisque le <w> est muet, pas plus que les participes passés *worn* et *sworn*, qui se comportent comme des suffixés (*wore* + *en*, *swore* + *en*). Le lien entre grammaire et phonétique est de nouveau patent ici.

[ɑː] : Les deux autres voyelles simples et longues ne correspondent pas toujours à une orthographe avec <r>. Par d'autres cheminements, des sons d'origines différentes sont venus occuper la même zone phonétique. C'est ainsi que la voyelle de *car, charm* [ɑː] se trouve aussi dans ce qu'on appelle les « ask words », du moins dans plusieurs dialectes parmi les plus répandus (sud de l'Angleterre, Australie, région de Boston...). Les contextes dans lesquels <a> est prononcé [ɑː] plutôt que [æ] ne sont pas tout à fait stables. Souvent la voyelle est suivie d'une fricative sourde (*laugh, staff, after, pass, past, class, bath, path*...)[40] ou d'une nasale plus une autre consonne (*can't, chance, dance, branch, example*...), mais on trouve [ɑː] également dans *father, rather*, où la consonne est voisée, alors que [æ] est normal dans *camp, romance, Atlantic*... (malgré la nasale qui suit). Pour les élèves, il est évidemment plus naturel de prononcer [ɑː], proche du français [ɑ], que [æ]. Le travail consiste donc à délimiter les cas où

---

39. Ces exemples ne sont pas choisis au hasard ; tous ont été prononcés avec une diphtongue par des étudiants de DEUG 1 lors d'un test de lecture.
40. Des listes de mots de cette catégorie sont publiées dans les ouvrages de référence, notamment : Guierre, Duchet, Deschamps.

cette réalisation est licite, en orientant les efforts de production vers la voyelle simple brève [æ] qu'il importe de distinguer à la fois de [ɑː] et, comme nous l'avons vu précédemment, de [ʌ]. La principale erreur à éviter dans les mots en [ɑː] est la nasalasition de la voyelle au contact de la consonne nasale qui suit ([kɑːnt] ≠ [kãt]).

5. Au-delà du système de base

5.1. Un phonème particulier : /ɔː/

La voyelle /ɔː/ occupe une place à part dans le système de l'anglais. Elle correspond normalement à l'orthographe <or>, sauf si c'est la version brève qui s'impose (*tomorrow, sorry, moral, foreign...* (voir section précédente)), mais aussi à plusieurs combinaisons de lettres dont <r> est absent. Sur le plan phonétique, elle n'est pas facile à réaliser, étant très tendue et anormalement arrondie pour une voyelle aussi basse. On peut supposer que c'est dans le mot *four* que les élèves la rencontrent en premier ; à condition d'éviter toute trace du /r/ français, ce mot peut servir de modèle pour sa prononciation.

Il s'agit ensuite de veiller à ce que cette voyelle-là soit produite dans tous les contextes, somme toute assez prévisibles, qui l'imposent : les digraphes <au, aw> ; la suite <al> devant <l> final, <d>, <t> ou <k> ; la suite <ar> précédée de /w/ ; la suite <ough> suivie de <t>. C'est la première de ces séquences qui pose le plus de problèmes aux apprenants, qui sont tentés de la prononcer soit /o/ comme en français, soit /au/ comme l'orthographe semble y inviter (et comme en allemand, par exemple). Pour les autres, l'essentiel est de bien comprendre les critères de répartition grâce à une pratique raisonnée.

<war(..)> : Une classe très régulière est composée de mots où le phonème /w/ précède <ar> dans l'orthographe. Le phonème /w/ (entre voyelle et consonne, comme nous l'avons vu) se caractérise par un arrondissement assez prononcé des lèvres qui entraîne le passage de [ɑː] (*far, farm...*) à [ɔː][41] : *war, warm, warn, quart, quarter...*

<au, aw> Pour <aw>, il n'y a aucune exception : tous les mots comportant cette orthographe se prononcent [ɔː] ; tout aussi régulièrement, aucun mot en <ow> ne contient cette voyelle. Il faut donc opposer systématiquement *law/low, saw/sow, raw/row, flaw/flow, awe/owe*, ainsi que *lawn/loan, drawn/drone, trawl/troll...* Le digraphe <au> est presque aussi régulier, mis à part quelques mots très courants : *laugh, aunt, draught* [ɑː], *because, sausage, cauliflower* [ɒ]. Partout ailleurs, <au> se prononce [ɔː] : *pause* (≠ *pose*), *caught* (≠ *coat*), *haul* (≠ *hole*), *daughter, sauce, Paul...*

<alC> En général, les élèves associent spontanément l'orthographe <all> au son [ɔː] : *all, ball, call, fall, small, tall...* (exception : l'auxiliaire *shall*). Cette prononciation s'applique au préfixe AL-, dérivé de *all*, dans *almost, also, always,*

---

41. Le même phénomène est observé parmi les voyelles brèves, où <a> se prononce [ɒ] après [w] : *want, what, wash...* (Voir §2.1 et Fiche n° 4)

already, although, altogether, mais surtout pas à la terminaison –AL, toujours inaccentuée et réduite à [əl] (*carnival, festival, musical*...). Entre deux voyelles, un double <l> se comporte comme toute autre consonne double, le <a> qui précède se prononce [æ] : *shallow* ['ʃæləʊ], *ballot* ['bælət], *fallacy* ['fæləsi]...

Devant d'autres consonnes graphiques que <l>, la séquence <al> se prononce [ɑ:], [ɔ:], [l] ou [ɔ:l], selon les cas, qu'il importe de pouvoir différencier. On a déjà évoqué le <l> muet de *calm, half, calf*, d'une part, où <al> se prononce [ɑ:] devant une labiale (exception : *salmon* ['sæmən]) ; et de *chalk, stalk, talk, walk*, d'autre part, où <al> se prononce [ɔ:] devant la lettre <k> (mais pas si le son /k/ s'écrit avec un <c>). Lorsqu'une alvéolaire suit, le son /l/ est maintenu, et la voyelle très régulièrement prononcée [ɔ:] : *bald, salt, false*... Devant les autres consonnes, /l/ est traité comme une consonne ordinaire, et <a> retrouve sa prononciation brève : *talc, scalp, balcony, calcium, nostalgic* [æ].

Prononciation de la graphie <al> devant consonne : récapitulatif

Prononciation	Contextes	Exemples
[ɔ:l]	devant <l> final, <d>, <t> ; utilisé comme préfixe	ball, call... ; bald, scald... ; salt, 'altar... almost, already, always...
[ɔ:]	devant <k>	chalk, talk, walk...
[ɑ:]	devant <f>, <m>	calf, half ; calm, psalm
[æl]	ailleurs en syllabe accentuée*	balcony, calcium, fallacy, scalp...

* Rappel : la terminaison –AL est toujours inaccentuée et réduite à [(ə)l] : *carnival, festival, cannibal*...

Malgré les apparences, les différentes réalisations de <al> suivent bien une logique. Sans entrer dans le détail du système phonétique, la fréquence des mots concernés mérite au minimum la constitution de listes, avec, dans le meilleur des cas, une réflexion sur ce qui se passe dans la bouche (positions de la langue et des lèvres). Dès lors, si l'on sait prononcer *chalk* et *talk*, on n'hésite pas sur *stalk* lorsqu'on le rencontre pour la première fois, et on risque moins d'« écorcher » des noms propres comme *Malcolm* ['mælkəm] et *Baldwin* ['bɔ:ldwɪn].

<ought> Alors que la séquence <ough> est certainement celle qui se prête le moins à une systématisation (ainsi que l'ont souligné plusieurs humoristes), lorsqu'elle précède un /t/, elle se prononce régulièrement [ɔ:] : *ought, bought, fought, thought*... La seule exception est *drought* [draʊt] (dérivé de *dry* : sécheresse), qui n'en est pas une si l'on considère que les autres sont des formes verbales (prétérits irréguliers). De ce fait, un rapprochement avec les verbes ayant un prétérit en <aught>, également prononcé [ɔ:t], peut faire dégager des observations utiles sur les deux graphies : *teach/taught* ; *catch/caught* (familles des A et E) ; *bring/brought* ; *think/thought* ; *fight/fought* (famille des I).

Pour terminer cette section sur les graphies associées à /ɔ:/, qui peut paraître un peu hétéroclite au premier abord, nous ferons deux remarques en guise de synthèse.

Premièrement, ce phonème résulte d'une fusion à partir de deux origines seulement : (1) l'influence du /r/ rétroflex sur /O/[42], et (2) l'arrondissement de /ɑ/ en présence d'une vélaire (l, u, w). Dans les variétés de l'anglais où le /r/ post-vocalique se maintient, cette différence s'entend ; pour ceux qui s'évertuent à parler un anglais de type « RP »[43], la fusion a produit un ensemble d'homophones à pratiquer : *court/caught, sort/sought, stork/stalk, pour/paw, floor/flaw*...

Deuxièmement – dans un tout autre registre – les jurys de concours et autres évaluateurs attachent une importance toute particulière à ce phonème, d'une part, à cause des erreurs prévisibles dues à l'interférence du français et, d'autre part, à cause du nombre et de la fréquence des mots concernés : il est essentiel de savoir distinguer *walk* de *work*, *law* de *low*, *bought* de *boat*, etc. L'effort nécessaire pour comprendre le fonctionnement du système est sans doute moindre que celui que demanderait la mémorisation de chaque paire son/sens.

Représentations graphiques du phonème /ɔː/ : récapitulatif

Graphie	Contextes particuliers	Exemples
<or>	suivie d'une consonne ou de <e> final	born, corner, storm... ; more, chore...
<oar>		boar, coarse
<ar>	précédée du son /w/	war, warm, quart, thwart...
<au>	(sauf : laugh, aunt, sausage, because)	cause, pause, daughter, caught
<aw>		law, saw, lawn, awful...
<ough>	suivie de <t>	bought, fought, thought...
<a>	suivie de <l> + <l>#, <d>, <t>, <k>	fall, bald, salt, talk [tɔːk]
<our>	souvent (voir §5.3 ci-après)	four, pour, course, court, source...
<oor>	parfois	door, floor, (poor)

5.2. Deux diphtongues hors système : [ɔɪ] et [aʊ]

Le système « de base » présenté au §II.1 comporte trois diphtongues « montantes », auxquelles nous avons ajouté les voyelles longues [iː] et [uː]. Leur représentation schématique sur le trapèze des voyelles permet de constater qu'en partant d'une voyelle antérieure [i], [e] ou [a], la fermeture a lieu à l'avant, vers [i], et qu'en partant d'une voyelle postérieure [u] ou [o], elle a lieu à l'arrière,

---

42. Cette notation se veut une simplification de /o/ bref et /oː/ long, qui existaient en vieil anglais et qui, par une évolution complexe, mais explicable, ont abouti aux /ɒ/, /əʊ/ et /ɔː/ d'aujourd'hui.
43. 'Received Pronunciation', celle qui était considérée du temps du phonéticien anglais Daniel Jones comme la plus correcte, parce qu'elle caractérisait les couches les plus instruites de la population. Elle était longtemps imposée au personnel de la BBC, de sorte qu'on parle parfois de 'BBC English'. Bien que ces distinctions de classe ne soient plus de mise aujourd'hui, cette variété de l'anglais reste celle qui est communément décrite dans les manuels d'anglais et les dictionnaires pour apprenants.

vers [u]. Il existe en outre deux diphtongues « croisées », partant de l'arrière vers l'avant ([ɔɪ]) ou de l'avant vers l'arrière ([aʊ]), toujours en montant. Ces deux diphtongues, représentées respectivement par *boy, toy, join, coin* et par *now, cow, brown, loud*, ne posent aucun problème de prononciation, ni d'orthographe, en tant que tels, puisque les correspondances sont extrêmement stables. Seuls les digraphes <oi, oy> transcrivent la première, <ou, ow> la seconde. Mais malheureusement, ces deux derniers digraphes ont aussi d'autres réalisations, qui sont sources de confusion et ne se prêtent pas facilement à une systématisation.

5.3. Les graphies ambiguës

Certaines ont déjà été mentionnées au fil du texte – <ea>, <oo>, <al>, <ow> –, avec, dans la mesure du possible, des tentatives d'explication. Nous revenons ici sur quelques cas qui résistent davantage au raisonnement.

<o> Parmi les mots les plus courants introduits en début d'apprentissage, il y en a un assez grand nombre où la lettre <o> n'a aucune des valeurs associées à sa « famille », mais se réalise par un son de la « famille des U » :

- [ʌ] *one, come, love, son, mother, brother, money, front, month, sponge, comfortable, Monday, London…*[44]
- [uː] *do, two, who, shoe, lose, move, prove…*
- [ʊ] *wolf, woman, bosom*

Pour l'anecdote, on peut indiquer que les copistes du moyen âge étaient souvent embarrassés par les successions de crêtes et de creux qu'entrainait la rencontre des caractères <u, v, m, n, w>. Pour faciliter la lecture, ils avaient parfois recours à des astuces, telles que le remplacement du <u> (= v) par un caractère à l'allure plus vocalique ou l'ajout d'un <e> final. Cependant, savoir ceci ne dispense pas d'apprendre les exceptions une à une, car les élèves d'aujourd'hui n'ont aucun moyen de remonter au vieil anglais pour trouver la voyelle d'origine.

<ou> Plus encore que <ea>, pour lequel on a pu établir quelques tendances systématiques, le digraphe <ou> a, pour des raisons historiques, un comportement très imprévisible. Il est sans doute souhaitable en début d'apprentissage de l'associer prioritairement à la diphtongue [aʊ] : *out, house, mouse, sound, found, round, loud, proud, about, shout, count, south, trousers…* En compagnie d'un <r> final, on obtient la triphtongue [aʊə] : *our, hour, flour, sour…* Mais il faut assez vite se rendre à l'évidence : le même digraphe emprunte très souvent des valeurs à la « famille des U » et parfois à la « famille des O »[45].

- [ʌ] : *country, couple, cousin, trouble, young, southern, enough, rough, tough, touch, courage, hiccough* [ˈhɪkʌp]… ;
  [ɜː] (devant <rC>) : *courtesy, journal, journey*
- [uː] : *you, soup, group, youth, through* ;
  [ʊə] (devant <r>) : *tour, tourist, bourgeois*

---
44. Une liste plus complète est fournie par Duchet, op. cit., p.70.
45. Le parallèle avec <ea> est intéressant. Lorsque le digraphe n'a pas sa valeur « régulière » (<ea> → [iː] ; <ou> → [aʊ]), il prend celles d'une de ses composantes : famille des E ou parfois des A pour <ea>, famille des U ou parfois des O pour <ou>.

- [ʊ] : *could, would, should*
- [əʊ] : *soul, shoulder, poultry, dough, though* ;
  [ɔː] (devant <r>) : *four, course, court, source, pour, mourning*

Réalisation exceptionnelle : *cough* [kɒf].

6. Autres applications

La division des voyelles anglaises en quatre sous-systèmes vocaliques permet de mettre en évidence quelques généralisations qui sont moins directement visibles si l'on adopte un autre classement. Les plus utiles pour l'enseignement portent sur la liaison devant voyelle, et sur la prononciation de la voyelle accentuée dans les polysyllabes. Pour permettre de mieux saisir la logique sous-tendant l'ensemble, nous reproduisons ici un tableau général récapitulatif.

Les sons

Fiche n° 5
Principales correspondances entre graphie et phonie
(Voyelles accentuées)

Phonie / Graphie	Système de base – Voyelles brèves	Système de base – Diphtongues "montantes"	Voyelles colorées par /r/ – Voyelles longues simples	Voyelles colorées par /r/ – Diphtongues "centripètes"
Famille des A	[æ]	[eɪ]	[ɑː]	[eə]
<a>	tap, tapping apple, hand (plaid)[46]	tape, taping able, acre	scar, scarred card, car	scare, scared square
<ai, ay>		pain, may		chair, fair
<ei, ey>		obey, vein		heir
Famille des E	[e]	[iː]	[ɜː]	[ɪə]
<e>	pet, petting kettle, nest	complete, completing metre	refer, referring, herd, person	interfere, interfering here, sincere
<ee>		see, beet		beer, cheer
<ea>	(bread, meant)[47]	sea, beat	heard, earth	fear, hear[48] (beard)
<ie>	(friend)	niece, priest		pier, fierce
<ei> après /s/		receive, seize		
Famille des I	[ɪ]	[aɪ]	[ɜː]	[aɪə]
<i>	sit, sitting little, list	bite, biting title, mitre, lie	stir, stirring fir, first	admire, admiring fire, wire
Famille des O	[ɒ]	[əʊ] = [ou]	[ɔː]	[ɔə] → [ɔː]
<o>	hop, hopping bottle, lost	hope, hoping noble, ogre, toe	abhor, abhorred torn, horse	adore, adored more, store
<wa>	want, wash		war, warm	
<oa>		coat, toast		roar, coarse
Famille des U	[ʌ]	[(j)uː]	[ɜː]	[(j)ʊə]
<u>	cut, cutter jungle, struggle	cute, cuter bugle, lucre, cue	occur, occurred fur, curl	cure, cured pure, sure
(parfois)	[ʊ] put, full, butcher			
<oo>	(good, look)[49]	food, school		boor, moor
<oi>, <oy>		[ɔɪ] noise, boy		
<ou>, <ow>		[aʊ] loud, now		[aʊə] hour, sour

---

46. Les parenthèses ( ) entourent des réalisations exceptionnelles de la graphie.
47. Classe assez nombreuses : *instead, threat, breast, feather, health, wealth, thread...*
48. <ear> Il existe une sous-classe relativement importante en [eə] : *wear, to tear, pear bear*, etc., ainsi que quelques exceptions en [ɑː] : *heart, hearth.*
49. Cette classe comporte un assez grand nombre d'éléments se terminant par /d/ ou /k/ plus le mot *foot*. Les exceptions : *blood* [blʌd] et *flood* [flʌd] relèvent néanmoins de la "famille des U".

101

6.1. La liaison

Nous avons déjà fait état de la difficulté qu'ont les francophones à produire à bon escient le phonème /h/. Très souvent, celui-ci est absent là où il est attendu (au début des mots lexicaux commençant par la lettre <h>), mais il surgit inopinément devant un mot commençant par une voyelle. Pour empêcher qu'il ne puisse s'introduire à cet endroit, il faut apprendre à lier la voyelle initiale à la fin du mot précédent. Lorsque ce mot se termine par une consonne, c'est elle qui assure la liaison. S'il se termine par un son vocalique, celui-ci appartient obligatoirement à l'une des trois dernières colonnes de notre tableau, car les voyelles brèves sont toujours suivies d'une consonne. Grâce à l'organisation du tableau, nous pouvons isoler et donc rationaliser les zones sensibles.

Si une voyelle de type « r » termine un mot, il y a normalement un /r/ sous-jacent, qui reprend forme phonétiquement lorsqu'une voyelle suit :

Far away	['fɑː r ə'weɪ]	*A pair of shoes*	[ə 'peə r əv 'ʃuːz]
I'd prefer it	[aɪd prɪ'fɜː r ɪt]	*Sheer ecstacy*	['ʃɪə r 'ekstəsi]
Stir it	['stɜː r ɪt]	*The fire escape*	[ðə 'faɪə r ə,skeɪp]
A fur outfit	[ə 'fɜː r 'aʊtfɪt]	*A tour operator*	[ə 'tʊə r ˌɒpəreɪtə]
Four Irishmen	['fɔː r 'aɪərɪʃmən]	*More eggs*	['mɔː r 'egz]

Par analogie, les anglophones introduisent souvent un /r/ intrusif dans de tels contextes :

Shah [ʃɑː] (= *far*) → *the Shah of Iran* [ðə 'ʃɑː r əv ɪ'rɑːn]

law [lɔː] (= *more*) → *law and order* ['lɔː r ənd 'ɔːdə]

Sans aller jusqu'à imiter ce modèle, considéré comme incorrect, on peut observer que l'intrus n'est jamais [h] mais plutôt un élément qui respecte le fonctionnement du système. Il est naturel de vouloir éviter le hiatus ; encore faut-il le faire « naturellement », par la généralisation d'une régularité.

Reste la colonne des diphtongues montantes, qu'on peut diviser en deux groupes : celles qui se ferment à l'avant ([iː], [eɪ], [aɪ], [ɔɪ]) et celles qui se ferment à l'arrière ([uː], [əʊ], [aʊ]). Le son qui permet la liaison sera respectivement [j] pour les premiers, et [w] pour les autres. Il s'agit des deux demi-consonnes qui marquent le rapprochement maximal entre la langue et le palais, sans qu'il y ait contact (appelées aussi « glissées » / '*glides*')

Voyelles antérieures :	[iː] → [ij]	*we asked*	[wiː ʲ ɑːskt]
	[eɪ] → [ej]	*the way out*	[ðə 'weɪ ʲ aʊt]
	[aɪ] → [aj]	*my uncle*	[maɪ ʲ ʌŋkl]
	[ɔɪ] → [ɔj]	*toy animals*	['tɔɪ ʲ ænɪməlz]
Voyelles postérieures :	[aʊ] → [aw]	*how interesting*	['haʊ ʷ ɪntrəstɪŋ]
	[əʊ] → [ow]	*no exit*	['nəʊ ʷ eksɪt]
	[uː] → [uw]	*who else*	['huː ʷ els]

C'est pour permettre la liaison que les mots outils THE et TO conservent une voyelle fermée devant un mot commençant par une voyelle : *the end* [ðɪ ʲ end] ;

to eat [tʊ ʷ iːt]. En invitant les élèves à découvrir les mécanismes de la liaison, on les aide à coup sûr à améliorer la qualité et la fluidité de leur production.

6.2. Les polysyllabes

Les alternances vocaliques qu'on trouve dans *mat / mate* ou *not / note* se retrouvent dans des paires comme *tenacious / tenacity* ou *melodious / melodic*, où elles sont tout aussi prévisibles. Contrairement aux premières, qu'il y a lieu d'introduire très tôt, celles-ci peuvent attendre. Néanmoins, pour des étudiants avancés ou des élèves de secteurs techniques, il y a moyen d'éviter bien des erreurs de lecture grâce à quelques principes simples[50]. En fait, il est plus facile de prévoir la prononciation d'un mot long à partir de sa forme écrite que d'un mot court. Une fois placés le ou les accents, on choisit la réalisation des voyelles accentuées en fonction du contexte graphique. Sachant qu'à une orthographe donnée correspondent quatre réalisations régulières, il suffit d'identifier les contextes possibles pour chacune.

1) Suivie d'une autre voyelle, la voyelle accentuée est diphtonguée :

<a> = [eɪ] *chaos, mosaic*

<e> = [iː] *neon, realise*

<i> = [aɪ] *pious, variety*

<o> = [əʊ] *poet, heroic*

<u> = [uː] *ruin, continuity*

2) Suivie de deux consonnes, elle est nécessairement simple :

Première consonne ≠ <r>		Première consonne = <r>	
<a> = [æ]	'fantasy, re'action,	<a> = [ɑː]	'harmony, de'partment
<e> = [e]	'restaurant, se'lection	<e> = [ɜː]	'permanent, a'version
<i> = [ɪ]	'indicate, con'viction	<i> = ɜː]	'circumstances, af'firmative
<o> = [ɒ]	'hospital, pre'posterous	<o> = [ɔː]	'fortunate, im'portant
<u> = [ʌ]	'custody, re'luctant	<u> = [ɜː]	'surgery, dis'turbance

3) C'est lorsque la voyelle accentuée est suivie d'une seule consonne devant une autre voyelle qu'il faut savoir choisir entre deux prononciations : simple brève ou diphtonguée. Déjà, cette restriction devrait éliminer un certain nombre d'erreurs courantes. Par exemple, en voulant produire pour la première fois le mot *facetious*, l'étudiant avisé sait (a) que l'accent principal est sur la deuxième syllabe, devant la terminaison –IOUS, et (b) que la voyelle <e> qu'elle contient ne peut se prononcer que [e] ou [iː], jamais [eɪ], pourtant souvent produit dans de tels contextes. Pour effectuer le bon choix (en l'occurrence [iː]), il faut examiner de plus près le contexte à droite, sauf pour la lettre <u>, qui se réalise (presque)

---

50. Pour des approfondissements, voir en particulier A. Deschamps, *De l'écrit à l'oral et de l'oral à l'écrit*, Ophrys, 1994.

toujours sous forme de diphtongue devant une seule consonne non finale : *'cubic, re'pudiate, 'purity, en'durance*[51].

a) La syllabe accentuée est l'avant-dernière (pénultième) :
- la voyelle est brève devant –IC, –ID, –ISH, –IT : [æ] *panic, rapid, garish* ; [e] *relish, athletic, merit* ; [ɪ] *clinic, insipid, spirit* ; [ɒ] *me'lodic, ad'monish, 'Doric* ;
- elle est longue (diphtongue) ailleurs, notamment devant une voyelle finale et devant une terminaison de « type –ION »[52] : [eɪ] *halo, patient* (mais plusieurs mots courants ont [æ] : *companion, Italian, Spaniard*) ; [eə] *Mary, parent, various* ; [iː] *veto, Elizabethan, facetious* (mais [e] dans *special, precious*) ; [ɪə] *hero, serious, inferior* ; [aɪ] *viva, recital, horizon* (mais [ɪ] devant <-CiV> : *delicious, condition, insidious*...) ; [aɪə] *biro, environ* ; [əʊ] *soda, condolences, erosion* ; [ɔː] *Dora, forum, glorious, historian*.

N.B. Dans les mots de deux syllabes, certains contextes ne permettent pas de trancher : *chapel* [æ] / *label* [eɪ] ; *devil, lemon* [e] / *evil, demon* [iː] ; *model* [ɒ] / *yodel* [əʊ].

b) La syllabe accentuée est l'antépénultième : la voyelle est presque toujours brève :

[æ] *ca'pacity, in'fatuate, 'character* ; [e] *'melody, re'petitive, im'petuous, im'perative* ; [ɪ] *'clinical, vi'cinity, ,indi'vidual, em'pirical* ; [ɒ] *'popular, per'sonify, in'nocuous, ,cate'gorical*.

Il est bien évident que ces règles ne sont pas à apprendre telles quelles en premier cycle. Mais ici encore, à l'occasion d'erreurs de lecture ou de lacunes de vocabulaire, on peut guider les apprenants vers une systématisation. Le tableau à quatre colonnes (voir p. 110) peut être étoffé en introduisant de nouveaux contextes pour chaque catégorie de voyelles.

---

51. Exceptions : [ʌ] *punish, study, pumice*.
52. Terminaison commençant par <i> ou <e> suivi directement d'une autre voyelle : IAL, IAN, IENT, IOUS...

Fiche n° 6
Prononciation des voyelles accentuées des mots longs

Lettre \ Contexte	Voyelles brèves devant –CVCV(C)#[53] – Cid/ic/it/ish# (sauf <u>)	Diphtongues montantes devant –V – CV# – CVV(C)# (sauf <i>)	Voyelles longues simples devant –rC	Diphtongues centripètes devant –rV » – rVV(C)#
<a>	[æ] family, rapid, panic, radish, capacity	[eɪ] chaos, radio, fallacious	[ɑ:] harmony	[eə] canary, precarious
<e>	[e] athletic, competitive, relish, heredity, America, perish	[i:] neon, veto, facetious, chameleon	[ɜ:] permanent	[ɪə] hero, serious, ethereal
<i>	[ɪ] ridiculous, civic, critical, limit *mais aussi* : delicious, condition	[aɪ] riot, society, tiny	[ɜ:] circumstances	[aɪə] biro
<o>	[ɒ] exotic, demolish, velocity	[əʊ] poem, quota, ferocious, colonial	[ɔ:] fortunate	[ɔ:] glory, notorious, memorial
<u>	[ʌ] public, punish	[ju:] ruin, fluid, judo, confusion, repudiate *mais aussi* : stupid, impunity	[ɜ:] surgical	[jʊə] fury, curious, epicurean *mais aussi* : purity, lurid

Même si le contexte ne permet pas de tout prévoir, on a généralement une chance sur deux de « tomber juste » si l'on a assimilé le système de base, et pratiquement 100 % de chances dans les contextes 1) et 2) ci-dessus.

Avec l'étude des rapports entre graphie et phonie, on peut donner l'impression de s'éloigner de notre objectif du départ – mettre en place une grammaire orale de l'anglais – car la réflexion semble se limiter au niveau des segments à l'intérieur des mots. Et pourtant, ignorer ces correspondances, c'est se condamner à une connaissance fragmentée et approximative de la langue. Tout ce qui se prête

---
53. Par convention C signifie « consonne », V « voyelle », # fin de mot. Les caractères bas de casse correspondent aux lettres de l'alphabet.

à une systématisation favorise l'acquisition, à condition de présenter les faits de telle sorte que ce soient les élèves qui découvrent les régularités.

Pour les guider vers cette découverte, nous proposons dans les pages qui suivent des activités incluant – mais n'isolant pas – les aspects oraux de la langue. Chacun pourra adapter les exemples au niveau de sa classe et à ses propres objectifs. Nos suggestions ont pour principal but de montrer qu'il est possible de « faire de la phonétique » sans diminuer le temps consacré à l'apprentissage de la grammaire. Au contraire, trois des quatre compétences : la compréhension orale, l'expression orale, voire l'expression écrite, ne peuvent que tirer profit d'une telle approche intégrée.

Activités de découverte[1]

I. Mots composés

A. <u>Formation</u> (ordre des termes / accentuation)
Complete, using a compound noun or adjective.
(examples : Someone who drives buses is *a 'bus-,driver*. Someone who has blue eyes is *'blue-'eyed*.)
Someone who writes stories is _____.
Someone who has red hair is _____.
Someone who directs films is _____.
A pool for people to swim in is _____.
A bowl containing sugar is _____.
A book borrowed from the library is _____.
A tool for opening tins is _____.
Someone who has good behaviour is _____.
etc…

B. <u>Forme et sens</u> : distinguer entre les deux schémas accentuels
Quel élément du groupe nominal final porte l'accent principal ? (production et reconnaissance ; N.B. le schéma accentuel indiqué doit être trouvé par les élèves)
Her favourite Christmas present was a 'toy 'oven.
Her father bought it in the town's best 'toy ,shop.
You can throw your used glass into that 'metal con'tainer.
Magazines and paper bags should be placed in the 'paper ,bin.
You ought to wear trainers on the 'football ,field.
Those shoes are made for 'city 'streets.
Did you go away during the 'summer 'holidays?
No, I stayed home and took 'tennis ,lessons.

C. Quelle est la différence de sens entre les deux membres de chaque paire. Où est l'accent principal ?
'leather 'shoe / 'shoe ,leather ; 'animal ,farm / 'farm ,animal ; 'vegetable ,garden / 'garden ,vegetable ; 'blue 'sky / 'sky 'blue ; 'boathouse / 'houseboat ; po'liceman's 'uniform / 'uniformed po'liceman ; 'word ,stress / 'stressed 'word ; 'car ,park / 'parked 'car

---

1. Les rubriques suivent l'ordre de présentation du livre, ordre qui ne représente ni une progression, ni une recommandation pour l'exploitation.

II. ACCENT DE MOT

A. Mots de deux syllabes :
A partir du texte de la leçon, classer les mots de deux syllabes en deux colonnes, selon qu'ils soient accentués sur la première ou la seconde syllabe. Observations : préfixes, suffixes inaccentués ; si un seul morphème, accent au début (sauf *Ja'pan, ce'ment, ca'nal*...) ; syllabe inaccentuée généralement réduite (sauf –ow : *'window* ['wɪndəʊ], *'yellow, 'follow*...) ; composés en *some-* / *no* accentué au début (*'sometimes, 'nowhere*...), composés en *–self* à la fin (*him'self, our'selves*...)

B. Mots de deux syllabes – emploi en contexte :
Work with a partner. Ask questions beginning : *Which would you rather* (+ appropriate verb) ?' Answer : I'd rather......... because........
example : BAKER / BUTCHER : *Which would you rather be, a baker* ['beɪkər] *or a butcher* ['bʊtʃə] *?*
– I'd rather be a baker because it's more fun / because animals are my friends / because I hate meat / because I love cakes...
COTTAGE / PALACE (live in)
SALAD / SPINACH (eat)
KITTEN / MONKEY (have as a pet)
WATER / SODA (drink)
THRILLER / WESTERN (watch)
COMICS / NOVEL (read)
SPANISH / RUSSIAN (learn)
TENNIS / CRICKET (play)
IRELAND / SCOTLAND (visit)
etc.

C. Analyse des mots longs :
A partir d'un ou de plusieurs textes, ou au fur et à mesure de l'acquisition de vocabulaire, regrouper les mots accentués /-100/ (A*'merica, 'Canada, 'Italy, 'Portugal, 'character, 'orchestra, 'camera, 'cinema, 'comedy, 'industry, bi'ology, 'photograph, 'library, 'hospital, 'calendar, 'Saturday, 'beautiful, 'wonderful, 'fabulous*... : dans cette liste, toutes les voyelles inaccentuées sont réduites, sauf *–day* ['sætədeɪ]). Classer les autres selon leur terminaison.

D. Lexique / morphologie
Compléter le tableau, en cherchant des mots de la même famille que celui proposé en début de ligne ; certaines cases resteront vides, d'autres peuvent comporter plusieurs éléments. Pour chaque mot dérivé, indiquer le schéma accentuel (après consultation d'un dictionnaire si besoin).

Activités de découverte

BASE FORM	Noun	Verb	Adjective	Adverb
ADMIRE				
CHARACTER				
COMPETE				
CONTINUE				
DECLARE				
ELECTRIC				
EXAMPLE				
FAMILY				
FORMAL				
IMAGE				
MANAGE				
MELODY				
MUSIC				
ORIGIN				
PERSON				
PHOTOGRAPH				
PUBLIC				
REDUCE				
RELATE				
SPECIAL				

Observations : Quels suffixes servent à former des noms ? des verbes ? des adjectifs ? des adverbes ? A partir de quelle base ? Quels sont les rapports entre les terminaisons et la place de l'accent principal ?

III. ACCENTUATION ET RYTHME

A. Faire battre le rythme de poèmes / chansons (en s'assurant au préalable qu'il respecte celui de la langue parlée). Les textes ci-dessous ont été choisis parce qu'ils se prêtent à plusieurs types d'exploitation : rythme (combien de battements (pieds) par vers ?), rapprochement de certains sons (observation des rimes), structures syntaxiques.

La grammaire orale de l'anglais

Selon l'âge :

Primaire :
'One, 'two, 'buckle my 'shoe.
'Three, 'four, 'shut the 'door.
'Five, 'six, 'pick up 'sticks.
'Seven, 'eight, 'lay them 'straight.
'Nine, 'ten, a 'big fat 'hen.

'Little Jack 'Horner
'Sat in a 'corner
'Eating his 'Christmas 'pie.
He 'put in his 'thumb,
And 'pulled out a 'plumb,
And 'said, 'What a 'good boy am 'I !

Collège :

1. Points intéressants : les noms reliés par la préposition OF réduite à [əv] (*fair of face, full of grace...* qu'on retrouve dans *blade of grass, box of sweets, herd of cows...*) ; le génitif avec des repères temporels (*Monday's child = today's lesson...*) ; le participe présent à valeur adjectivale (*is loving and giving* ≠ forme progressive)...

   'Monday's 'child is 'fair of 'face.
   'Tuesday's 'child is 'full of 'grace.
   'Wednesday's 'child is 'full of 'woe.
   'Thursday's 'child has 'far to 'go.
   'Friday's 'child is 'loving and 'giving.
   'Saturday's 'child works 'hard for a 'living.
   But the 'child that is 'born on the 'Sabbath 'Day
   Is 'bonny and 'wise and 'good and 'gay.

2. Points intéressants : la voyelle [ʌ] dans *one / begun* ; l'emploi de *just* et autres adverbes d'approximation ;

   'When I was 'One, I had 'just be'gun.
   'When I was 'Two, I was 'nearly 'new.
   'When I was 'Three, I was 'hardly 'me.
   'When I was 'Four, I was 'not much 'more.
   'When I was 'Five, I was 'just a'live.
   But 'now I am 'Six, I'm as 'clever as 'clever.
   So I 'think I'll be 'six now for 'ever and 'ever.
                       (A.A. Milne, *Now we are Six*)

3. Points intéressants : En travaillant sur le rythme, il est possible de faire repérer les mots « à sémantisme plein » et les éléments grammaticaux, de distinguer entre voyelles réduites et formes pleines inaccentuées ('read of, 'talk to, 'look for...), ainsi qu'entre [ðæt] démonstratif accentué et [ðət] conjonction réduite. Du point de vue de la syntaxe, on note l'emploi de relatives, de complétives et de verbes à particule.

   The Old Sailor, by A.A. Milne

   There was 'once an old 'sailor my 'grandfather 'knew
   Who had 'so many 'things which he 'wanted to 'do
   That, when 'ever he 'thought it was 'time to be'gin,
   He 'couldn't be'cause of the 'state he was 'in.

Activités de découverte

He was 'shipwrecked, and 'lived on an 'island for 'weeks,
And he 'wanted a 'hat, and he 'wanted some 'breeks ;
And he 'wanted some 'nets, or a 'line and some 'hooks
For the 'turtles and 'things which you 'read of in 'books.

And, 'thinking of 'this, he re'membered a 'thing
Which he 'wanted (for 'water) and 'that was a 'spring ;
And he 'thought that to 'talk to he'd 'look for, and 'keep
(If he 'found it) a 'goat, or some 'chickens and 'sheep.

Then, be'cause of the 'weather, he 'wanted a 'hut
With a 'door (to come 'in by) which 'opened and 'shut
(With a 'jerk, which was 'useful if 'snakes were a'bout),
And a 'very strong 'lock to keep 'savages 'out
[...]
And 'so in the 'end he did 'nothing at 'all,
But 'basked on the 'shingle wrapped 'up in a 'shawl.
And I 'think it was 'dreadful the 'way he be'haved –
He did 'nothing but 'basking un'til he was 'saved.

Lycée : faire transcrire des chansons choisies par les élèves, ou utiliser des textes humoristiques, comme le suivant :

Macavity : The Mystery Cat, by T.S. Eliot

Macavity's a Mystery Cat : he's called the Hidden Paw –
For he's the master criminal who can defy the Law.
He's the bafflement of Scotland Yard, the Flying Squad's despair :
For when they reach the scene of crime – *Macavity's not there* !

Macavity, Macavity, there's no one like Macavity,
He's broken every human law, he breaks the law of gravity.
His powers of levitation would make a fakir stare,
And when you reach the scene of crime – *Macavity's not there* !
You may seek him in the basement, you may look up in the air –
But I tell you once and once again, *Macavity's not there*!
[...]

B. Lire en accentuant les noms et les verbes seulement. Mettre à la forme progressive, sans modifier le rythme (travail parallèle sur verbes irréguliers)
  1. She 'took the 'plates to the 'kitchen.
  2. He 'made a 'cake for his 'mother.
  3. They 'bought some 'books in 'London.
  4. He 'lent his 'pen to 'Harry.
  5. She 'drove her 'friends to the 'seaside.

C. Vocabulaire / structure partitive et rythme.
  What do we call a single 'unit' of the following uncountable nouns? (attention au rythme : BREAD – *a 'slice of 'bread* [əˈslaɪsəvˈbred] / *a 'loaf of 'bread*)
  THUNDER (clap)
  MILK (bottle / glass / quart...)
  SUGAR (pound / lump)

SOAP (cake)
GRASS (blade)
etc.
What do we call a group of the following?
CATTLE (herd)
SHEEP (flock)
FLOWERS (bunch / bouquet)
BEES (swarm)
KITTENS (litter)
etc.

IV. RYTHME ET RÉDUCTION VOCALIQUE

Production : le travail porte sur la réalisation des syllabes accentuées, le marqueur grammatical s'insérant de manière très discrète entre elles.

A. Chants, récitations
   exemples : *Tea for Two*, *The House that Jack Built*, Jazz Chants

B. Réduction de AND, OR, BUT
   Match words from the two columns, using the appropriate coordinator.
   (example : bread and butter [ˈbred ən ˈbʌtə])

FISH	BLUE
BED	PEPPER
BLACK	GAMES
MILK	CHIPS
LAST	THEN
SALT	BREAKFAST
TEA	HONEY
FUN	NOT LEAST
NOW	GAMES

C. Proverbs (réduction de AS)
   Match a quality with an animal
   (example : WISE – OWL : *as wise as an owl* [əz ˈwaɪz əz ən ˈaʊl])

BUSY	FOX
LIVELY	PEACOCK
PROUD	OX
SLY	BEE
STRONG	MONKEY

   etc...
   Can you find the qualities that go with each term?
   (example : SNOW (white) : *as white as snow* [əz ˈwaɪt əz ˈsnəʊ])

HONEY	(sweet)
A PICTURE	(pretty)
THE HILLS	(old)
A ROCK	(hard)
LIGHTNING	(quick)

   etc...

Activités de découverte

D. Prépositions 'réduction de AT, FOR, FROM, TO)
Complete, using the right preposition :
It's 'time____'bed.
He's 'gone ____ 'school.
They 'come ____ 'Germany.
My 'mother's ___ 'work.
'Look ____ the 'pictures.
They've 'never 'been ____ 'London.
'Alan's ____ the 'pictures.
'This is ____ 'Sandy.

E. Reconnaissance : dictées « raisonnées », exercices lacunaires avec mots grammaticaux à restituer, QCM avec choix entre formes semblables.

1. Exemple de dictée :
My cousins left before the curtain went down. /
My cousin's left, but I don't think he could be home yet.

2. Exemple d'exercice lacunaire (stimulus oral) :
Who ([əmaɪ]) partners ([fə]) this game ?
([ðerəsəm]) spots on that tablecloth.
(ðəwəzə]) terrible storm in the Bahamas last week.
You ([ʃdəv]) told us where you ([wə]) going.

3. Exemple de QCM (stimulus oral : seuls les choix sont écrits) :
My (GLASSES / GLASS IS / GLASS HAS) broke on my way to school.
They seem to be playing a game (OF CAT AND MOUSE / A CUP IN MOUTH / FOR CUTTING MICE).
(THERE / THEY'RE / THEIR) trying to tell me about (THERE / THEY'RE / THEIR) dreams.

V. ACCENTUATION DES MARQUEURS GRAMMATICAUX

Phrases elliptiques : Remplacer la partie soulignée par des phrases elliptiques comportant un pronom personnel et un auxiliaire qui représente le prédicat. Indiquer la place de l'accent principal.

1. When the teacher asked who knew the answer, Pam said that <u>Pam knew the answer</u>. ('she did)
2. The teacher asked Betsy to go to the blackboard, and <u>Betsy went to the blackboard</u>. (she 'did)
3. My sister is a much better student than <u>me</u>. ('I am)
4. Our friends have spent all their money and <u>we have spent all our money</u> (use *so*) (so have 'we)
5. I'd rather go to the pictures than to the theatre. <u>Don't you agree</u>? (Wouldn't 'you?)
6. You'd rather go to the pictures than to the theatre, <u>isn't that true</u>? ('Wouldn't you?)
7. If everybody says Jackson can win tonight, I suppose <u>Jackson can win tonight</u>. (he 'can)

8. I'm going to Bill's party tonight. <u>You, too</u>? (Are 'you?)
9. 'We've invited the whole neighbourhood.' '<u>Really</u>?' ('Have you?)
10. Larry won't forget the videos, <u>right</u>? ('will he)
11. None of Chip's friends drive as well as <u>Chip drives</u>. ('he does)
12. 'I've heard that Steve has got a new computer.' 'Yes, <u>it's true</u>.' (he 'has)

VI. LES SONS QUI DISPARAISSENT

A. Add a question tag (stimulus oral). Il peut y avoir plusieurs réponses correctes. Pourquoi ?

He's stopped the bus / He stopped the bus.
My uncle's a Russian / My uncles are Russian.
We've found the answer / We found the answer.
You talk too much / You talked to much / You'd talk too much / You'd talked too much.
The star shone brightly / The stars shone brightly.

B. Choose the right form according to the context. (Exercice écrit, accompagné ou suivi d'écoute pour faire remarquer que les deux formes entre parenthèses sont identiques à l'oral, ce qui n'empêche pas de choisir la forme correcte.)

(I PHONED / I'VE PHONED) the restaurant an hour ago.
The (SKIER'S A / SKIERS ARE) Norwegian, which gives them a definite advantage.
The (POLICEMAN WAS / POLICEMEN WERE) shot during a riot, and their families are suing for damages.
The (POLICEMAN WAS / POLICEMEN WERE) shot by a bandit he had arrested a few years before.
They'd (MOVE / MOVED) to the country if it weren't for their son's schooling.
They'd (MOVE / MOVED) to the country already when we met them.

C. Ressemblance entre –EN et –ING

1. 's = IS or HAS?
He doesn't agree – he's shaking his head.
The poor man's terribly shaken by the news.
Who's taken my umbrella? It's not in the rack.
It's taking them a long time to lock up.
She's given several recitals, but this is her first full concert.

2. BEEN or BEING?
How awful! It looks as though that child's _____ bitten – his arm's bleeding!
How awful! That child's _____ bitten by a dog and no one is helping him!

D. Exemples de dictées contenant des marqueurs inaudibles

1. Good work, Cathy! You've finally managed to pass an algebra test. If you took more time to think, you'd do even better. In fact, if you'd tried to solve the last problem, you'd surely have had a higher mark.
2. Why has the conductor stopped the orchestra? He's such a perfectionist! The musicians sounded fine to me – they were all playing in tune.

VII. GRAPHIE/PHONIE

A. <u>Verbes irréguliers</u>
   1. Write a short paragraph including the –ING form, the simple preterite and the past participle of each verb.
   e.g. WRITE : *Tim is writing another song. He wrote one last week that was very pretty, but he has written some that I don't like at all.*
   HIDE   HIT   SHUT   CHOOSE   SPEAK   SWIM

   2. La « famille des E » Trouvez l'infinitif des mots dont le prétérit suit. Que remarquez-vous ?
   SLEPT   KEPT   FELT   LEFT   FED   LED
   Comparer les verbes de cette liste avec to READ/I read ; to MEAN/I meant.

   3. <u>La « famille des I »</u> :
   Voici des phrases au prétérit : on raconte ce qui s'est passé. Trouvez l'infinitif du verbe principal, puis mettez la phrase au présent en BE + –ing, comme si vous étiez témoin de la scène.
   Exemple : Betty knit a jumper for Paul → (knit) *Look! Betty is knitting a jumper for Paul.*
   The twins hid under the staircase.
   Timothy bit the little girl's chin.
   They slid down the hill at a mile a minute.
   He lit a tiny candle for the night.

B. Doublement de la consonne après une voyelle simple
   1. <u>Imaginary verbs</u>. If these forms existed, what would the infinitive be? Be prepared to justify.
   e.g. GLUDDING – to GLUD [ʌ]
   SMAKED   PRINING   BECKING   BOTTED   GLARRING

   2. <u>Lexique avancé</u> :
   a) Choose the right form to suit the context :
   (SPARING / SPARRING) partner ; insert a (COMA / COMMA) ; cakes from the (BAKERY / BACKERY) ; solid financial (BAKING / BACKING) ; stop (STARING / STARRING) ; a (GLIMER / GLIMMER) of hope ; a (FURY / FURRY) animal ; (PINED / PINNED) to the wall ; (SCARED / SCARRED) hands and arms ; a well-(PLANED / PLANNED) evening
   b) List the words from the above exercise which you did not choose, and use them to fill in the blanks:
   She was shaking with _____ (fury)
   smoothly_____ wood (planed)
   _____ means 'afraid' (scared)
   Don't worry about _____ my feelings (sparing)
   She spent the morning _____ bread (baking)
   He has been in a _____ since the accident (coma)
   The old woman gradually ____ away (pined)
   a film _____ Tom Cruise (starring)
   Which of the 20 'words' proposed do not exist in English ? (*backery, *glimer)

C. Single vowels and digraphs / simple vowel sounds and diphthongs
Trouver l'intrus. Quel mot contient une voyelle différente des deux autres ? Sa prononciation est-elle régulière ou irrégulière par rapport à son orthographe ?

FIELD	STYLE	BREATHE
BLIND	MIGHT	BLINK
PROUD	TOWN	GROWN
PUSH	BLEW	RUDE
BREAD	FRIEND	CLEAN
GONE	COME	HUNT

D. Exemples de dictées sur les rapports graphie-phonie :

1. These are the games we're planning for Tommy's birthday party : hide and seek, potato bag race, pin a tail on the donkey, Simon says. We're hoping the kids will have fun.

2. My son has begun writing letters of application for summer jobs. So far, he's written to places in Poland, Holland, Sweden and Ireland.

Glossaire sélectif

ACCENT MÉLODIQUE : accent caractérisé par un changement de ton, inclus entre la première syllabe accentuée et la chute intonative (traditionnellement la « tête » plus le « noyau »). Selon la tradition transmise par les Britanniques (Gimson, O'Connor...), une courbe intonative se divise en « avant-tête » (syllabes inaccentuées du début), « tête » (de la première syllabe accentuée jusqu'au noyau), « noyau » (syllabe portant un changement de ton significatif), « queue » (syllabes suivant le noyau, dont certaines peuvent être plus saillantes que d'autres). Les acousticiens savent qu'il y a en réalité deux points saillants par courbe : la première syllabe de la tête, et le noyau. On note une corrélation entre la portion de la mélodie qui se situe entre ces deux points saillants et les choix opérés par l'énonciateur au niveau notionnel.

ACCENT NUCLÉAIRE : modulation de la voix qui affecte la syllabe accentuée du dernier élément correspondant à un choix énonciatif. C'est à partir de cette syllabe qu'on observe la direction finale de la courbe intonative : descendante ou montante.. Cette modulation peut prendre la forme d'un glissement graduel sur une syllabe (↘), ou d'un « saut » vers un ton bas, prêt à amorcer une montée (↗) ; c'est pourquoi nous l'appelons aussi CHUTE INTONATIVE. Les termes traditionnels « nucleus » ou « noyau », parce qu'ils évoquent le cœur ou le centre de quelque chose, présentent deux inconvénients : 1) on confond le « noyau » avec le point central du message, en transférant au plan sémantique ce qui est en principe une description phonétique ; 2) la chute intonative marque la fin, et non le milieu, de la courbe.

ANAPHORE : reprise d'un terme déjà introduit dans le discours, implicitement ou explicitement.

ASSIMILATION : modification d'un phonème en contact avec un autre, auquel il emprunte certains traits. Par exemple, en français la prononciation courante de « une cache d'armes » ressemble à celle de « une cage d'armes », puisque la consonne finale de *cache* /ʃ/ est voisée au contact de la consonne /d/ qui suit. En anglais, la séquence *'on purpose'* est pronocée le plus souvent [ɒmˈpɜːpəs] parce que la nasale alvéolaire /n/ se transforme en nasale bilabiale /m/ devant l'occlusive bilabiale /p/ qui suit.

BATTEMENT RYTHMIQUE : accent caractérisé par la durée et la qualité « pleine » de la voyelle, qu'il y ait ou non changement de ton sur la syllabe ainsi marqué. Tout accent est « rythmique », certains sont également « mélodiques ». Cette distinction permet de donner un statut aux syllabes qui suivent la chute intonative mais sont sensiblement plus « fortes » que d'autres. Le terme « accent secondaire », parfois utilisé, est gênant, car il s'oppose à l'accent « primaire » (la chute intonative) et recouvre donc aussi bien les accents qui précèdent celui-ci que ceux qui le suivent. La réalisation phonétique n'étant pas la même dans les deux cas, il est préférable de recourir à des termes relevant du domaine musical pour les différencier.

CHUTE INTONATIVE : voir ACCENT NUCLEAIRE. Cette terminologie nous permet de distinguer le plan strictement phonétique du plan sémantique, en rappelant l'aspect qui pose des problèmes en production : l'intonation anglaise procède typiquement de haut en bas.

DÉSACCENTUER (terme emprunté au phonéticien D.R. Ladd, auquel nous donnons une définition légèrement différente) : ne pas doter d'un accent mélodique un terme qui entre dans une relation préconstruite reprise. A priori, tout mot de la langue est potentiellement porteur d'accent. Les mots renvoient à des « notions » entre lesquels on construit des relations. Certaines relations sont construites « de toutes pièces » lors de la prise de parole. D'autres reposent sur des relations primitives qui ne dépendent pas d'un énonciateur pour être validées ou de choses déjà dites. C'est pour tenir compte de cette « antériorité » qu'on parle de **dés**accentuation, comme si, lors de la « création », ces mêmes termes auraient reçu un accent mélodique, dont ils portent encore la trace.

DIGRAPHE : groupe de deux lettres de l'alphabet qui représente une unité phonétique : <th> et <sh> sont des digraphes consonantiques ; <ee> et <oa> sont des digraphes vocaliques.

FORME RÉDUITE : prononciation en position inaccentuée d'un marqueur grammatical, dont la voyelle est neutralisée sous l'effet de la vitesse (voir REDUCTION VOCALIQUE). Ce terme est préféré à celui de « forme faible » et ne s'applique pas, dans notre usage, aux contractions négatives des auxiliaires.

GRAMMAIRE DE L'ORAL : manière dont les éléments sonores de la langue (phonèmes, accents, mélodies...) s'organisent pour contribuer à la construction du sens.

GROUPE DE SOUFFLE : mot ou groupe de mots caractérisé par une seule courbe intonative. Ce terme traditionnel est en fait impropre, car la respiration n'est pas directement corrélée à l'intonation. L'unité intonative correspond généralement à une unité syntaxique – énoncé, proposition, groupe nominal... Mieux vaudrait donc parler de « groupe de sens ».

MARQUEUR : élément formel de la langue qui porte la trace d'opérations énonciatives. Nous incluons sous cette appellation les désinences (marque du pluriel, du prétérit...), les affixes (préfixes, suffixes...), les « mots outils » (déterminants, auxiliaires, prépositions...) et également certaines manifestations phonétiques, comme l'accent et la mélodie. Nous évitons ainsi le terme d'« opérateur » utilisé par certains linguistes, car nous considérons que les opérations, ayant lieu à un niveau « profond », ne peuvent être attribuées directement à des éléments du langage. Par ailleurs, comme nous traitons plus particulièrement des marqueurs oraux, le terme unique de MARQUEUR nous permet de relier les phénomènes d'accentuation et de réduction vocalique aux questions de syntaxe et de lexique.

Glossaire sélectif

PHONO-GRAPHÉMATIQUE : terme forgé par L. Guierre pour désigner l'étude des rapports systématiques entre les lettres de l'alphabet utilisées pour l'écriture (graphèmes) et les phonèmes de la langue orale.

PRÉCONSTRUIT : construction préalable d'une relation prédicative qui ne figure pas dans l'énoncé considéré mais sans laquelle celui-ci n'aurait pas la forme observée. Par exemple, l'énoncé *it WAS cold*, avec un accent plus fort sur *was* que sur *cold*, ne peut apparaître que si la relation <it be cold> est déjà posée, explicitement ou implicitement.

PROSODIE : ensemble des marqueurs « suprasegmentaux » qui entrent dans le système linguistique d'une langue : accentuation, rythme, intonation.

RÉDUCTION VOCALIQUE : neutralisation d'une voyelle inaccentuée sous l'effet de la vitesse. La voyelle neutre par excellence est le schwa [ə], avec une variante [ɪ] centralisé. Il arrive aussi que certaines voyelles longues soient « raccourcies » en l'absence d'accent (/i:/ prononcé [ɪ], /u:/ prononcé [ʊ]) ou qu'une voyelle brève soit supprimée totalement (fo̱r a while [frəˈwaɪl] ; critica̱lly [ˈkrɪtɪkli]). Ce phénomène est une conséquence directe du rythme de l'anglais : les syllabes accentuées étant espacées à intervalles à peu près réguliers, les autres sont prononcées rapidement et de ce fait parfois déformées, dans la mesure où cela ne nuit pas au message. Dans le mot comme dans la phrase (« formes réduites »), les voyelles réduites font partie de la physionomie de la séquence, et nous disent quelque chose sur les relations de dépendance entre les éléments.

RELATEUR : marque de l'opération de mise en relation entre deux termes d'un énoncé. Nous classons parmi les relateurs : le verbe copule BE et autres auxiliaires verbaux, les prépositions, les conjonctions.

RELATION PRÉDICATIVE : relation abstraite entre, notamment (et pour simplifier), un verbe et ses arguments, considérée en dehors de tout ancrage situationnel. Intégrée dans un énoncé, suite à des opérations de détermination effectuées par un énonciateur, une telle relation peut prendre diverses formes syntaxiques. Par exemple, le nom composé *taxi-driver* est construit à partir de la relation prédicative <X drive taxis> où X représente une classe d'agents potentiels ; l'énoncé *If only she wouldn't smoke so much!* est construit à partir de la relation prédicative <she smoke (QntQlt) (cigarettes)>, où QntQlt représente l'opération de détermination à effectuer.

SÉLECTION NOTIONNELLE : choix par l'énonciateur du contenu de son message et plus particulièrement des termes entre lesquels il souhaite construire une relation. Dans les cas simples, ces termes coïncident avec les « mots à sémantisme plein » de l'énoncé. Dans d'autres cas, il peut procéder à un choix en bloc d'un groupe de termes préalablement mis en relation (voir DESACCENTUATION, PRECONSTRUIT).

SUPRASEGMENTAL : concernant les aspects sonores du langage qui s'étudient indépendamment des phonèmes : accent, durée, ton, rythme.

Eléments bibliographiques

Manuels de phonétique :

ADAMCZEWSKI, Henri & Dennis KEEN, 1973, *Phonétique et phonologie de l'anglais contemporain*. Paris : Armand Colin

CARR, Philip, 1999, *English Phonetics and Phonology : An Introduction*, Oxford : Blackwell.

CRUTTENDEN, Alan, 1994, *Gimson's Pronunciation of English*, London : Edward Arnold.

GINESY, Michel, 1989, *Exercices de phonétique anglaise*. Paris : Nathan Université (Collection Fac).

GINESY, Michel, 1995, *Mémento de phonétique anglaise*. Paris : Nathan Université (Collection Fac).

LILLY, Richard & Michel VIEL, 1999, *Initiation raisonnée à la phonétique de l'anglais* (édition révisée et augmentée avec CD audio). Paris : Hachette Supérieur.

LILLY, Richard & Michel VIEL, 1998, *La prononciation de l'anglais. Règles phonologiques et exercices de transcription* (édition révisée et augmentée avec CD audio). Paris : Hachette Supérieur.

ROACH, Peter, 2000, *English Phonetics and Phonology. A practical course.* (3rd edition). Cambridge University Press.

WATBLED, Jean-Philippe, 1996, *La prononciation de l'anglais*. Paris : Nathan Université (Collection 128).

Accentuation des mots de plusieurs syllabes :

DUCHET, Jean-Louis, 1991, *Code de l'anglais oral*. Paris : Ophrys.

GINESY, Michel, 2000, *Phonétique et phonologie de l'anglais*. Paris : Ellipses.

GUIERRE, Lionel, 1984, *Drills in English Stress Patterns*. Paris : Armand Colin-Longman.

GUIERRE, Lionel, 1987, *Règles et exercices de prononciation aglaise*. Paris : Armand Colin-Longman.

LILLY, Richard & Michel VIEL, 1999, *Initiation raisonnée à la phonétique de l'anglais* (édition révisée et augmentée avec CD audio). Paris : Hachette Supérieur.

LILLY, Richard & Michel VIEL, 1998, *La prononciation de l'anglais. Règles phonologiques et exercices de transcription* (édition révisée et augmentée avec CD audio). Paris : Hachette Supérieur.

Bibliographie

Rapports graphie-phonie :

DESCHAMPS, Alain, 1994, *De l'écrit à l'oral et de l'oral à l'écrit*. Paris : Ophrys.

DUCHET, Jean-Louis, 1991, *Code de l'anglais oral*. Paris : Ophrys.

GUIERRE, Lionel, 1987, *Règles et exercices de prononciation aglaise*. Paris : Armand Colin-Longman.

LILLY, Richard & Michel VIEL, 1999, *Initiation raisonnée à la phonétique de l'anglais* (édition révisée et augmentée avec CD audio). Paris : Hachette Supérieur.

LILLY, Richard & Michel VIEL, 1998, *La prononciation de l'anglais. Règles phonologiques et exercices de transcription* (édition révisée et augmentée avec CD audio). Paris : Hachette Supérieur.

Intonation :

BRADFORD, Barbara, 1988, *Intonation in Context*. Cambridge University Press.

BRAZIL, David, 1994, *Pronunciation for Advanced Learners of English*. Cambridge University Press.

BRAZIL, David, 1997, *The Communicative Value of Intonation in English*. Cambridge University Press.

CRUTTENDEN, Alan, 1997, *Intonation*, 2nd edition, Cambridge University Press.

NICAISE, Alain & Mark GRAY, 1998, *L'Intonation de l'anglais*. Paris : Nathan Université (Collection 128).

Revues et actes de colloques :

A.L.O.E.S. / C.E.L.D.A., *Colloques d'avril sur l'anglais oral*, Villetaneuse, années paires depuis 1982.

A.P.L.V., *Les langues modernes*. Numéros consacrés à l'oral ou contenant des articles pertinents :
1999 n°2 : *La compréhension de l'oral*
1995 n°4 : *Poèmes et chansons*
1992 n°3 : *Et la phonétique ?*
1989 n°2 : *Techniques de guidage*
1987 n°5 : *Les erreurs des élèves : qu'en faire ?*

I.N.R.P., *Les langues vivantes à l'école élémentaire*, colloque de juin 1990, notamment articles de :
DESCHAMPS, Alain, « Enseignement précoce de l'anglais : de la graphie à la phonétique » ;
HALFF, Wendy, « Approches du système oral de l'anglais » ;
LIGOZAT, Marie-Aude, « Formation des maîtres ».

Index

accent, 8, **11-17**, 19, 38, 44-45, 50
  de mot, 11, 31-38, 43, 103-105
  mélodique, 12, **13**, 14, 16, 17, 18, 20, 23-24, 27, 29, 48, 52, 56, 59
  nucléaire, 8, **13**, 14, 17, 18-20, 22, 23, 29, 52, 54, 55, 56, 57, 59, 60, 61
adjectif, 8, 21, 24, 27, 29, 73
all, 6, 9, 10, 71, **78**
anaphorique, **18-20**, 22, 23
are, 6, 8, 15, 42, 47, 64, 65
article indéfini, 63, 64, 65
assimilation, 7, 34, 67
auxiliaire, 8, 19-20, 39, 44, 47, 48-49, 59, 60
battements rythmique, **13**, 14, 15, 16, 17, 29, 32, 39, 43
choix, *Voir* sélection notionnelle
chute intonative, *Voir* accent nucléaire
  amplitude, 52, 57
composés, 17, **23-29**, 56
compréhension, 1, 5-7, 31, 41-42, 50, 63, 68, 70, 71, 79
consonne, 70-73, 82-85
  alvéolaire, 67, 70, 71, 89, 97
  double, 9, 34, 81, 88, 94-95, 97
  fricative, 67, 71, 83
  l vélaire, 70, 73
  occlusive, 67, 84, 89
  sonore, 66, 67, 82
  sourde, 66, 67, 82
contexte, 41, 56, 65, 66, 68, 69, 77, 103
contraste, 8, 17, 29, 45, 46, 49, 57, 58
copule, 5, 15, 48, 49, 50, 63, 64, 65
cordes vocales, 67, 82, 83
déictique, 7, 16, 19, 45, 46, 71, 77
démonstratif, *Voir* déictique
désaccentuation, 17, 19, 20-23, 28, 29, 54, 57
détermination nominale, 5, 16, 40, 42, 46, 73
digraphe, 35, 85, 88, 91-92, 94, 95, 99
diphtongue, 75, 77, 78, 87, 93, 98, 103, 104
discrimination, 6, 45, 68, 70, 73, 74, 82
erreur, 3, 7, 8, 9, 10, 33, 36, 42, 50, 63, 65, 68, 69, 70, 71, 74, 77, 78, 81, 95, 96, 98, 103
fall-rise, 53, 58
for, 15, 40, 43, 47, 65
forme pleine, 44-49, 65, 69, 88
forme réduite, 39-43, 45, 46, 47, 49, 50, 65, 68
formes faibles, *Voir* forme réduite
français, 1, 6, 11, 12, 33, 40, 41, 53, 60, 70, 71, 74, 76, 82, 83, 88, 92, 96
génitif, 6, 8, 24, 65, 66, 82
interférence, 7, 70, 74, 76, 98

interrogatif, 8, 15, 16, 51, 54, 55
intonation descendante, 51, 52, 54, 56, 59
intonation montante, 51, 53, 55, 56, 59
langue maternelle, 1, 5, 7, 70
lexique, 6, 7, 9, 24, 25, 74, 77, 84, 85, 87
liaison, 44, 68, **102**
marqueur, 6, 7, 14, 16, 32, 39, 40, 43, 63, 64, 66, 67, 68, 80
mélodie, 13, 51-54, 56-58, 60
mot à sémantisme plein, 14, 17, 22, 29, 45
nom, 15, 18, 23, 24, 25, 36, 69, 83
noyau, *Voir* accent nucléaire
of, 40, 41, 42, 43, 65
opposition vocalique, 6, 9, 74, 75, 77-79, 81
orthographe, 9, 42, 80-105
participe, 9, 66, 67
perception, 3, 6, 9, 42, 52, 63, 67, 69, 71, 77
phrases elliptiques, 15, 18, 19-20, 48-49, 59-60
pluriel, 6, 8, 26, 64, 65, 71, 82
préfixe, 33, 36
prépositions, 15, 16, 40, 45
prétérit, 6, 66, 67, 83, 89, 97
question, 16-17, 51, 54, 55, 56
question tag, *Voir* phrases elliptiques
réduction vocalique, 5, 31, **38**, 41, 42, 50, 66, 94, 97
relateur, 6, 40, 42, 47, 49
relation préconstruite, 20, 22, 26, 29, 50
relation prédicative, 22, 26, 28, 54, 57
rythme..., 8, 11, 13, 31, 38, 39, 43, 47, 48, 50, 52, 56, 59
saillance, 8, 12, 13, 29, 32, 38
schwa, 38, 41, 42, 43, 44
segmentation, 3, 6, 11, 34, 48, 63, 64, 68
sélection notionnelle..., 16-17, 20, 21, 23, 29, 32, 36, 40, 42, 44, 46, 48
some, 18, 20, 40, 45, 46-47
suffixe, 26, 32, 35-36, 39
terminaison, 9, 10, 32, 34, 35, 39, 66, 95, 97, 104
that, 16, 40, 45-46
there, 16, 19, 40, 45, 46, 65, 71
to, 15, 40, 43, 45, 47, 48, 103
verbe, 8, 9, 15, 26, 33, 35, 36, 39, 48, 66, 69, 77, 78, 83, 91
vocabulaire, *Voir* lexique
voyelle, 73-79, 86-105
  accentuée, 32, 38, 82, 101, 103-105
  brève, 9, 86, 91, 92, 94, 103, 104
  inaccentuée, 38, 42
  longue, 9, 44, 86, 89, 93, 94-96, 103
whole, 6, 9, 71, **78**

Imprimerie Louis-Jean - 05003 GAP - Dépôt légal : 30 - Janvier 2002